지워진 목소리 되살려내기

미국 문학에 나타난 아메리카 원주민 연구

저자 김진경

서울대학교 인문대학 영어영문학과 졸업
서울대학교 인문대학원 영어영문학과 문학박사
하버드대학교 풀브라이트 방문학자
현 서울신학대학교 영어과 교수

논문

『Herman Melville의 작품에 나타난 진리, 언어, 텍스트의 문제』
『다인종 사회에서의 매개의 가능성 탐색: Leslie Marmon Silko의 *Ceremony*』
『*Joy Luck Club*에 나타난 여성론적 인식과 소수인종 의식의 발현양상』
『닫힌 사회와 의사소통의 문제: Thomas Pynchon의 현대사회 비판』 외 다수

지워진 목소리 되살려내기
미국 문학에 나타난 아메리카 원주민 연구

발행일 · 2009. 11. 20.
지은이 · 김진경

펴낸곳 · 도서출판 동인 / 펴낸이 · 이성모 / 주 소 · 서울시 종로구 명륜동 아남주상복합Ⓐ 118호
전 화 · (02)765-7145, 55 / 팩 스 · (02)765-7165 / E-mail · dongin60@chol.com

등록번호 제 1-1599호
ISBN 978-89-5506-419-3
정 가 16,000원

지워진 목소리 되살려내기

미국 문학에 나타난 아메리카 원주민 연구

김진경 지음

도서출판 동인

| 서문

　천여년이 넘는 역사를 가진 영국 문학에 비해 미국 문학은 그 역사가 짧다. 1776년 미국 건국 이전 영국의 식민지시대 문학까지 포함시킨다고 하더라도 그 역사는 400여년 남짓이다. 그러나 그 기간 동안 아메리카 대륙에서는 많은 일들이 일어났고 미국 문학은 그 역사를 거쳐 간 인간들의 삶과 내면을 기록해왔다.

　미국 역사의 한 중요한 흐름이자 미국 사회의 중요한 이슈는 인종간의 갈등이었다. 아메리카 대륙 전역에 퍼져 살던 천만이 넘는 원주민들은 미국 정부가 지정한 척박한 '보호구역'으로 쫓겨 들어갔고 그 과정에서 인구가 삼십만까지 줄어들만큼 그 억압은 혹독했었다. 자유와 평등을 기본 원칙으로 하는 미국 헌법을 제정하기 위해 1787년 필라델피아에 모인 55명의 대표들 중 25명이 노예소유자였을 만큼 미국 건국의 이상과 현실은 괴리가 있었고, 아프리카로부터 끌려와 노예가 된 이들은 미국이 추구하는 민주주의와 자유로부터 오랜 기간 동안 철저히 소외당했었다. 아시아계중 가장 먼저 이민을 시작한 중국인들은 미국 서부 철도 건설인력의 9할을 차지할 정도로 미국의 경제에 기여하며 낮은 임금과 열악한 노동 조건에 시달렸고, 거기에 백인들의 견제와 폭행, 그리고 그들 가족의 이민을 억제하려는 정부의 정책까지 견

뎌내야 했다.

이러한 역사를 뒤로 하며 이제 미국 사회는 인종 문제에 관한 한 새로운 국면에 들어서고 있다. 현재 미국은 유럽계가 인구의 60% 가량, 아프리카계와 히스패닉계가 각각 12%정도, 아시아계가 약 5% 그리고 아메리카 원주민계가 1%를 차지하는 다인종 사회이며, 2050년이 되면 백인 인구가 50% 이하로 감소하리라고 예상하고 있다. 인종 문제는 미국 사회가 안고 있는 고질적인 병폐로 여전히 존재하기는 하지만, 그럼에도 불구하고 인종 차별의 벽이 많이 무너졌고 그 결과 2009년에는 역사상 최초로 흑인 대통령이 탄생하기도 하였다.

문학계에서도 소수 인종의 부상은 두드러져 백인 남성 작가들을 중심으로 구성되어 있던 기존의 정전들이 권좌에서 물러나고 여성 작가 및 소수 인종 작가들이 정전에 편입되면서 미국 문학의 지형도를 재편성하며 그 범주를 확장하고 있다. 그리고 아프리카계나 아메리카 원주민, 아시아계를 비롯한 소수 집단 작가의 작품이 정전에 편입되는 것과 함께 기존의 미국 문학의 정전을 구성하고 있던 작가와 작품들에 대해서도 새로운 접근이 이루어지고 있다.

소수 인종들 중에서도 아메리카 원주민은 미국 역사와 미국 문학에 가장 극적인 궤적을 남겼다. 한때는 대륙의 주인이었지만 미국의 인종 중 가장 삶의 질이 낮은 집단으로 전락하였고, '진정한 미국적 문학은 원주민들의 구전 문학뿐'이라는 평가를 받기도 하였지만, 그들의 구전 문학은 많은 부분이 소실되어 미국 문학으로 편입되지 못하였다. 한편 영어로 작업을 하는 원주민 작가들은 19세기 이후에나 등장하기 시작하였다. 그나마 원주민 작가들의 작품은 지극히 한정되어 있었으며, 20세기 후반이 되어서야 그 양이나 질로서 문학계의 주목을 받기 시작하게 된다.

따라서 원주민들이 미국 문학 분야에서 자신의 목소리로 말하기 시작한 것은 20세기 이후이며, 그 이전에는 침묵당하며 백인 위주의 주류 작가들의 재현 대상으로만 존재해 왔다고 할 수 있다. 이 책의 관심은 미국 문학에서 원주민들의 침묵의 목소리를 되살려 내는데 있으며, 그것은 곧 주류 문학에서 그들이 어떻게 재현되어 있고 왜곡되어 있는가를 분석하는 작업과 원주민계 미국 문학에서 그들이 말하는 방식과 내용에 대한 분석 작업으로 나누어진다.

문학을 통해 재현된 이미지가 생산되고 그것이 스테레오타입으로 굳어지며 다시 문학으로 재생산되는 과정에서 그 재현의 객체는 목소리를 잃고 침묵당하며 주체의 욕망에 맞추어 변형된다. 그리고 그러한 이미지는 재현 주체뿐만 아니라 왜곡당한 객체의 의식에까지도 강력한 힘을 발휘하게 된다. 그렇기 때문에 주류 미국 문학에 나타나는 객체로서의 원주민 이미지를 살펴보고 원주민계 미국 문학에 나타나는 원주민의 '주체적' 발언에 작용하는 기제를 분석하는 것은 인종들간의 상호작용을 이해하는 중요한 접근법이며, 나아가 미국의 인종 문제의 근원에 접근해보려는 시도일 수도 있다. 또한 이러한 시도가 인종과 민족을 떠나 인간이 타인을 인식하는데 작용하는 선입견과 편견에 대한 경계를 제시할 수도 있으리라 기대한다.

세상에 내어놓기에 부족하지만 지난 5년간의 연구의 결실인 이 책이 출간될 수 있도록 연구비를 지원해 준 서울신학대학교에 감사드리며, 내 인생의 든든한 버팀목이셨던 그리운 아버지와 사랑하는 가족들에게 이 책을 바친다.

2009년 9월 김진경

| 차 례

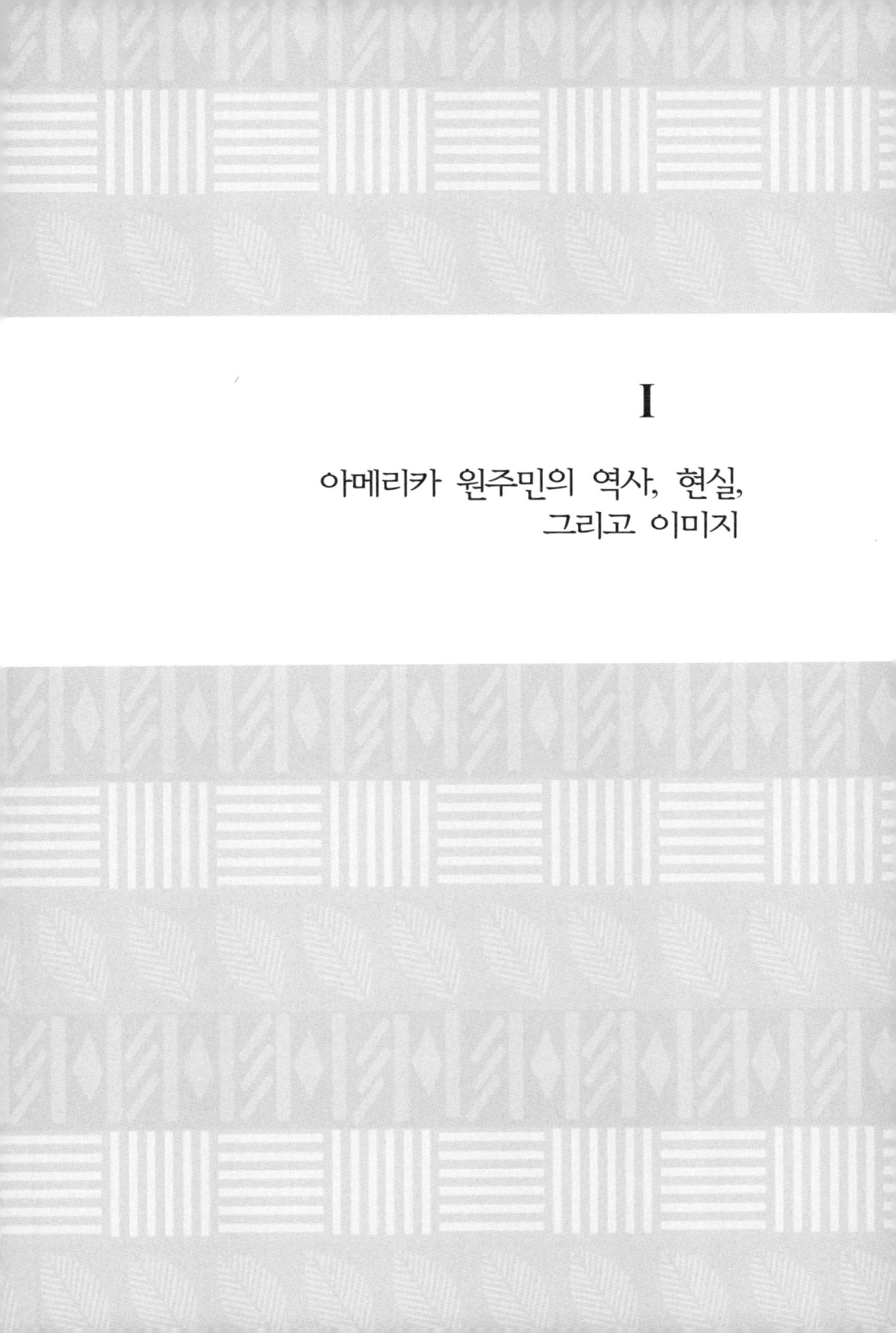

I

아메리카 원주민의 역사, 현실, 그리고 이미지

제 1 장

재현의 정치학

    현대의 철학과 비평계의 주된 작업은 이제까지 우리가 '재현'이라고 믿어왔던 것들, 혹은 객관적이라고 믿어왔던 것들이 실상은 그것을 응시(gaze)하는 주체를 구성하고 있는 심리적, 사회적, 정치적, 문화적 요소들에 의해 채색되고 굴절되고 왜곡된 이미지임을 밝혀내는 것이었다. 이러한 흐름 속에서 푸코(Michelle Foucault)는 병원이나 감옥 등 서구사회의 제도들에 어떠한 방식으로 지식과 권력의 억압이 작용하여 왔는지를 파헤쳤고, 사이드(Edward Said)의 오리엔탈리즘(Orientalism)은 서구 사회가 가진 동양의 이미지가 서구 사회의 욕망이 투사된 타자로서의 이미지임을 분석해내었던 것이다.

    객체에 대한 응시 행위 자체가 주체의 주관성과 분리될 수 없다면, 그리고 묘사가 해석일 수밖에 없다면, '객체에 대한 객관적 이해와 모사(imitation)'란 불가능한 과제일 것이다. 그리고 관찰자/서술자의 의식을 구성하는 사회적, 정치적, 문화적 담화들에 의해서 현실이 채색되고 굴절될 수밖에 없기에 재현은 정치성을 벗어날 수 없다. 그렇기에 페터리는 "문학은 정치적이다"라고 단언한다. 여러 다면적인 현실들 속에서 하나의 현실만을 선택하여 그것이 포괄적인 것임을 주장하고 합법화하고 전수하려고 하는 문학의 생산 과정에 정치성이 개입된다는 것이다 (Fetterley 1978 xi). 이러한 재현의 정치성은 재현 주체와 재현 대상 사이의 갈등의 폭이 깊을수록, 그리고 힘의 불균형이 심할수록 강하게 작용할 수 있다.

재현의 과정에서 주체의 주관성이 작용하는 것, 즉 주체로서의 위치에 따르는 권력이 객체의 재현에 작용하는 것은 문학 일반에서 나타나는 현상이지만, 미국 문학은 특히 더욱 복합적이면서도 뚜렷하게 이러한 현상을 드러내고 있다. 즉, 어느 사회에서나 보편적으로 나타나는 경제적, 사회적 계층이나 성의 차이와 더불어 미국 사회에서는 인종, 민족의 차이가 주요한 사회 구성 요소로 작용하여 왔으며, 미국 문학에서도 이것이 세계의 인식과 재현에 영향을 미치는 양상이 흥미롭게 드러나 있는 것이다.

"인종은 미국적인 것의 정의와 불가분의 관계"라고 페어리 (Rebecca Faery)가 지적한 것처럼(65), 미국은 다양한 인종들이 얽혀 만드는 역동적인 관계 속에서 형성된 나라이다. 그러나 최근까지도 백인이 주류가 되어 사회와 문화를 주도하고 있는 것이 현실이며, 미국 사회와 문화에서 소수 인종들은 재현의 정치성에 의해 왜곡되어 인식되고 묘사되어 왔다. 그 중에서도 특히 역사적으로 가장 심하게 수탈과 억압과 박해를 받았던 아메리카 대륙의 원주민(후에는 원주민계 미국인)은 재현의 차원에서도 가장 극심한 왜곡을 겪었으면서도 또한 미국의 중요한 상징으로 자리잡는 역설적인 상황에 처해왔다. 이처럼 미국을 설명하는 내러티브들에서 원주민이 차지하는 중요성은 그들의 인구 비율을 볼 때는 과도하다고도 볼 수 있다. 유럽인들이 미대륙에 처음으로 발을 디딘 15세기에는 그 인구가 천만(일억까지 추정하는 학자들도 존재한다)에 이르렀었지만 가혹한 역경 속에서 1620년에는 25만 명으로까지 감소하였으며, 현재를 기준으로 할 때 약 240만에 이르는 원주민계 미국인들은 미국 전체 인구의 1%에 불과하기 때문이다.

이렇게 극히 소수에 속하는 원주민들이, 비록 왜곡되고 억압된 이미지임에도 불구하고 미국의 주요한 상징으로 기능하는 것은 바로 원주민들의 삶의 터전을 빼앗고 그들을 제거함으로써 국가를 세울 영토를 마련하였던 미국의 건국과정과 밀접하게 연결되어 있다. 로렌스(D. H. Lawrence)는 미국인들이 유럽의 역사로부터는 자유로워질 수 있었지만 그들이 원주민들에게 행한 폭력으로 점철된 미국의 역사로부터는 자유로울 수 없기 때문에 원주민은 미국인을 광기로까지 몰고 갈 수 있는 심리적 불안, 즉 그가 미국의 퉁퉁증(American grouch)이라고 명명했던 불만족과 불안함의 원인이 되었다고 분석한 바 있다(41, 52). 로렌스의 통찰력있는 주장과 연관시킨다면, 미대륙에 대한 정당한 권리를 가지고 있었던 원주민 사회를 침략하여 그들을 억압하고 축출했던 역사에 대한 부담 때문에 미국인들은 그것을 해결하려는 다양한 시도를 할 수 밖에 없었고, 그러한 시도가 원주민들을 미국 사회의 중심적인 상징으로 위치시키면서도 동시에 왜곡되고 억압된 원주민의 이미지를 산출했다고 분석할 수 있는 것이다.

　미국 사회가 원주민을 어떻게 인식하고 재현하였는지를 분석하는 것은 곧 미국을 형성하는 과정에서 다양한 내러티브들과 가치관과 심리적 기제들이 어떠한 방식으로 작동하였는가를 연구하는 작업이며, 이것은 또한 미국의 미래에 대한 전망으로 이어질 수 있다. 왜냐하면 한 사회의 이데올로기는 그 사회가 중시하는 상징들에 의해서 형성되고 표현되며, 그 상징들은 그 상징을 산출한 사회를 설명해줄 뿐만 아니라 다시 세대에서 세대로 전해지며 그 공동체의 정체성을 형성해가기 때문이다. 보다 공통적이고 보편적인 사회의 가치관을 반영하고 있는 신화, 동화 민담 등의 연구도 그러한 공동체의 정체성에 대한 연구의 대상이 되지만, 또한 개개의 문학 작품들도 그 사회의 주요한 상징들에 관한 다면적이고 심층적인 접근을 제공해주기 때문에 한 사회를 이해하는 유효한 접근방법이 될 수 있다. 그러므로 미국 문학에 나타난 원주민의 이미지에 대한 연구는 곧 미국 사회에 대한 연구이기도 한 것이다.

　미국은 동일한 민족이 세운 국가도 아니며, 오랜 역사를 기반으로 한 공동체도 아니었기 때문에 공동체를 결속시킬 이데올로기가 절실히 필요하였다. 1630년 아벨라(Arbella)호를 타고 미대륙으로 건너오며 배 위에서 행한 "기독교적 자비의 전범"(A Model of Christian Charity)이라는 설교에서 윈스롭(John Winthrop)이 설파했던바 온 세상에 모범이 되는 "언덕 위의 도시"(A City upon a Hill)(91)를 건설하자는 촉구는 바로 그러한 이데올로기를 구축하려는 초기의 시도 중 하나였다고 할 수 있다. 17세기의 청교도 문학은 식민지 시대의 척박한 생활 조건 속에서

신의 섭리를 읽으며 자신의 삶에 가치를 부여하도록 함으로써 공동체 구성원들을 신앙으로 결속시켰으며, 18세기 건국 시기의 문학은 미국인이라는 정체성을 정의내리려는 다양한 시도들의 산물이었다고 할 수 있다. 또한 19세기와 20세기 미국 문학에서는 미국 사회의 이상에 대한 점검과 그 실패에 관한 고찰들이 중요한 주제로 등장하고 있다. 그리고 이러한 탐색의 중심에는 원주민을 과연 어떻게 인식하고 재현하는가의 문제가 시금석처럼 존재하여 온 것이다.

원주민들이 현실의 차원에서 침묵당하고 억압당하며 그들의 주권을 박탈당해가는 미국의 건국사에서, '원주민'이란 개념은 이데올로기적 차원에서 미국인의 정서와 국가적 정체성 정립에 큰 역할을 담당하였고, 현재에 이르기까지도 미국이 여전히 해결하지 못하고 있는 소수 인종 문제에 관한 담론의 원형을 제공해 왔다. 미국 개척의 역사는 곧 원주민에 대한 식민화의 역사였으며, 궁극적으로는 그들의 삶의 터전으로부터 그들을 제거하는 과정의 역사였기에, 원주민에 대한 침탈과 박해가 미국 건국의 역사로 미화되는 과정에서 재현의 정치학은 강하게 작용할 수밖에 없다. 이와 연관하여 커머로프(John & Jean Camaroff)들은 원주민들이 현실의 차원에서 폭력적으로 뽑혀져 상징과 담론의 차원에서 백인주류집단의 주관성에 의하여 굴절되고 왜곡된 이미지로 투사되는 '재현'의 왜곡이 바로 식민화의 본질이라고 하며, "식민화의 본질은 정치적 지배에 있는 것이 아니라 '타자들'을 그들이 선택하지 않은 조건으로 개념화하고 새기고 상호 작용하는 행위를 통하여 감금하고 변형시키는데 있고, 우리가 쓴 각본과 대본에 따라 그들을 나긋나긋한 객체와 침묵하는 주체로 만드는데 있으며, 그들을 '재현하는'

(represent) 능력이 우리에게 있다고 가정하는데 있는데, 그때의 '재현하다'라는 능동적 동사는 정치학과 시학을 융합하고 있는 것"이라고 지적한다(5).

버코퍼(Robert Berkhofer)도 "오세기 동안 대부분의 미국인들에게는 상상과 이데올로기속의 원주민이 현실 속에 존재하고 실지로 접촉하는 원주민들만큼, 아니 오히려 보다 더 실재하는 것이다. 선입관이 개념이 되고, 개념이 사실이 되면서, 원주민들은 백인 화가와 철학자와 시인과 소설가와 영화제작자들에 의해서 주장과 예술과 여흥의 목적으로 이용되었다"(71)며 미국 역사에서 백인 중심의 원주민 재현에 작용하는 백인 주체의 주관성을 언급하고 있다. 같은 맥락에서 혹시(Frederic Hoxie)도 원주민에 관한 담론이 백인 위주로 진행되어왔음을 "미국 내에서의 원주민과 백인의 관계사는 백인들이 원주민의 과거를 그들 자신의 역사, 자신의 내부적 담론 안으로 동화시키려고 시도해 온 역사이다. 이런 입장에 서 있는 한, 우리는 원주민들이 실제로 바랐던 것이 무엇이었는지, 실제로 경험한 것이 무엇이었는지를 걱정할 필요가 없다"고 말하고 있다(21).

이렇게 원주민들이 무시되고 침묵당하며 백인들의 욕망과 필요를 반영하며 그들의 권력에 의해서 왜곡된 이미지로 창조되는 현상에 관하여 카(Helen Carr)는 고안(invention)이라고 명명하였으며(1-21), 그렇기 때문에 "원주민에 대하여 객관적인 관점을 제시한다고 하는 모든 글을 읽을 때 고려해야 할 첫번째 사항은 원주민에 관한 어떤 객관적인 관점도 없었고, 앞으로도 없을 것이라는 점이다. 오백년간 백인들은 그들이 원하는 어떤 방식으로든지 원주민을 묘사할 수 있는 무제한적인 권력을 소유해왔다"는 점을 우리는 고려하여야 한다(Deloria 67). 드리논(Richard Drinnon)은 이렇게 고안된 미원주민의 이미지를 "백인 정착민들의 속성이 아닌, 또한 어떠한 상황에서도 되어서는 안되는, 어두운 타자"(dark others what white settlers were not and must not under any circumstances become)를 투사한 것이라고 정의하기도 한다(xxvii-xxviii).

이처럼 재현의 과정에 주체의 모습이 반영되는 현상이 백인들에 의한 원주민 재현에도 적용된다면, 과연 특정한 작가의 작품 속에 원주민이 어떠한 방식으로 반영·재현되어 있는가를 살펴보는 것은 흥미로운 일이 아닐 수 없다. 왜냐하면 그러한 재현의 양상에는 원주민의 객관적인 모습을 너머서 이들에 대한 당대 사회의 인식에 의한 굴절과 왜곡, 그리고 그러한 당대 사회의 인식에 대한 작가의 반응이 함께 어우러져 있을 것이기 때문이다.

미국은 원주민들이 살고 있던 아메리카 대륙에 세워진 국가이며, 흑인 노예제가 합법적이었던 역사를 가지고 있으며, 현재에도 다양한 인종의 이민자들이 여전히 밀려들어오고 있고, 향후 30년 내로 소수 인종이 미국 인구의 다수를 차지하게 되리라고 예측되는 사회이다. 인종 문제는 미국이 안고 있는 가장 핵심적인 문제인데, 보편적인 인종 문제의 가장 원형적인 양상은 미국의 원주민 문제에서 가장 먼저 드러났고, 그 중심부에는 주요 저작 주체(writing self)인 백인에 의한 원주민 이미지의 극심한 굴절과 채색이 자리하고 있다. 이러한 타민족, 타인종에 대한 인식의 억압적 왜곡의 양상은 미국의 역사와 사회 전반에 걸쳐 일어난 광범위한 현상들의 반영이며, 이러한 미국 백인 주류 세력의 인식 양식은 현대 사회에서도 해결되지 않는 미국내, 그리고 국제적인 인종간 갈등의 한 주요한 원인이라고도 할 수 있다.

인식과 묘사의 과정에 작용하는 주관성의 작용을 인지하고 그것을 경계하려는 시도는 객체에 대한 폭력적이고 억압적인 인식을 지양하고 세계에 대한 보다 유효한 이해에 도달하려는 노력으로서 중요한 가치를 가진다. 이러한 작업은 또한 사회 내에서 권력을 가진 집단이 어떠한 방식으로 타자를 개념화하여 자신의 세계 안에 편입시키는가에 대한 연구와, 집단의 이데올로기가 개인의 세계 인식에 작용하는 양상의 연구와 연계되며, 이것은 곧 문화권력의 구도에 대한 비평적 논의로 확장될 수 있다. 그러므로 원주민 이미지 창출 과정의 기제와 양상에 대한 연구는 그것에 작용하고 있는 주체의 욕망과 주관성을 가려보고 타자에 대한 인정과 수용, 그리고 갈등의 해결과 상생의 화합을 위한 기반을 다져보는 의미있는 작업이 될 수 있을 것이다. 나아가 이는 세계를 인식하는데 있어서 폭력적인 주관성을 강제하는 우리의 인식방식에 대한 반성적 점검으로 이어질 수 있을 것이다.

제 2 장

+++++++++++++++++++++++++++++++++

미국의 건국역사와 원주민의 역사

1979년 미 정부는 <미국의 인권실태에 대한 보고서>를 통하여 원주민의 열악한 생활여건을 다음과 같이 보고하고 있다.

> 아메리카 원주민은 평균적으로 미합중국 내에서 1인당 소득이 가장 낮고, 실업률이 가장 높으며, 학력이 가장 낮고, 수명이 가장 짧으며, 보건 및 주거환경이 가장 열악하며, 자살률이 가장 높다. 원주민 가구의 빈곤 비율은 비원주민 가구의 거의 세배에 달하며, 원주민 인구집단은 모든 사회, 경제 통계지표에서 가장 밑바닥을 차지하고 있다. (혹시 344)

그로부터 한 세대가 지난 현재에도 이러한 상황은 크게 개선되지 않아, 2002년도 미국 정부 발표에 의하면 원주민의 평균수명은 45세로 미국인의 평균수명 72세과 큰 차이를 보이고 있으며, 세대당 연평균소

득은 1,500달러로 미국 전체 평균의 사분의 일 수준이다(윤 314). 이러한 원주민의 현 상황은 백인들이 아메리카 대륙에 발을 디딘 이후로 시작된 오랜 약탈과 박해의 역사가 만들어낸 결과물이라고 할 수 있다.

"처녀지," "신세계," "신대륙의 발견" 등의 표현이 함의하고 있는 바와는 달리, 유럽인들이 아메리카 대륙에 관심을 보이기 시작한 15세기의 아메리카 대륙에는 이미 원주민들이 일만여 년 동안 고유한 전통과 문화를 가꾸며 살고 있었다. 빙하기 때 해수면의 낮아지면서 아시아의 시베리아와 아메리카의 알래스카를 연결하는 베린지아 육로가 형성되었고, 원주민들은 아시아로부터 아메리카로 이주하여 미대륙 전역에 퍼져나가게 되었던 것이다. 이들은 미국의 다양한 기후에 적응하며 고유의 문화를 형성하였고 아메리카 대륙을 삶의 터전으로 하여 긴 역사를 이어가고 있었다.

소위 "신세계"로의 유럽인들의 초기 진출은 교역이나 선교 혹은 약탈을 위한 것이었기 때문에 소규모에 간헐적으로 진행되었으며 스페인과 프랑스가 그 선봉에 서 있었다. 스페인의 경우는 원주민들이 가진 황금과 재화를 약탈하는데 주력하였고 원주민을 인간이 아닌 약탈과 착취의 대상으로만 간주하였다. 프랑스는 모피를 중심으로 한 교역을 그 주요 목적으로 삼았기 때문에 원주민이 교역의 대상이었으며, 따라서 원주민을 보다 인간적으로 대우하였으며 원주민과의 결혼을 장려하기도 하였다.

한편 스페인과 프랑스에 이어 뒤늦게 아메리카 대륙에 관심을 보였던 영국의 경우는 국내의 실업문제를 해결하기 위하여 농업식민지를 개척하려고 하였기 때문에 그 이주가 대규모였고 또 지속적이었으며,

결국은 아메리카 대륙의 이주에 가장 성공적인 국가가 되었다. 그러나 원주민들의 관점에서 보면 이들 이주민과의 접촉의 결과는 질병과 죽음, 혹은 노예와 같은 비참한 생활이었다. 우선 16세기에 유럽으로부터 사람들과 농작물, 동물들이 들어오면서 천연두나 홍역 같은 치명적인 병원균이 같이 유입되었다. 이러한 병균들에 면역력이 없던 원주민들은 대규모로 사망하여 1492년 국경지대의 약 500만 명으로 추산되던 인구는 1620년에 25만 명으로 줄어들었으며, 플로리다와 조지아의 티무쿠안 어족들, 그리고 텍사스의 코아휠터칸 어족들은 1770년 이후 멸절되는 운명을 겪었다(혹시 105). 또한 많은 원주민이 노예무역업자들에게 잡혀 서인도제도로 팔려가거나 미대륙 남부의 플란테이션에 노예로 팔려가 아프리카인들과 함께 짐승과 같은 취급을 받으며 살 수 밖에 없었다. 통계에 따르면 1708년 사우스캐롤라이나(South Carolina)의 총인구는 9,850명이었는데, 그 가운데 2,900명이 흑인 노예였고 1,400명이 원주민 노예였을 정도로 원주민 노예무역이 활발히 진행되었던 것이다.

농업식민지를 건설하려는 영국의 이주정책은 포카혼타스의 전설로 유명한 제임스타운에서 최초의 열매를 맺지만, 사실상 그것은 1607년 함께 항해를 떠난 144명 사람들 중에 104명만 항해에서 살아남았고 그해 겨울을 넘기고 살아남은 사람은 38명뿐인 험난한 시도였다(혹시 10). "일하지 않는 자는 먹지도 말라"는 존 스미스(John Smith)의 원칙에 따라 귀족과 평민을 막론하고 노동에 참여하게 한 제임스타운의 운용은 노동을 신성시하는 미국적 가치의 전범이 되었다.

1620년 영국국교회의 개혁으로는 만족을 하지 못한 필그림(Pilgrim)들이 플리머스(Plymouth)에, 1630년 회중주의자인 퓨리턴

(Puritan)들이 매사추세츠에 도착하면서 영국의 이주는 박차를 가하게 된다. 이들에게 원주민과의 우호적 관계는 생존에 필수적이었는데, 플리머스 지역에 메이플라워호의 닻을 내렸던 필그림들이 매사소이트 (Massasoit) 추장이 이끄는 웸파노악(Wampanoag) 원주민 부족에게 도움을 받아 생존할 수 있었던 것은 미국의 건국 신화에 편입된 사실이다. 플리머스 이주민들은 매사소이트 원주민 부족과 6개 항목으로 구성된 매우 우호적인 조약을 체결하였는데, 그것은 서로 해치거나 재물을 빼앗지 않으며 전쟁시에는 서로 돕는다는 내용으로서 그 조약은 약 24년간 지속되었다(Lauter 253). 이 원주민 부족은 사냥과 농경기술을 백인들에게 가르쳐주었으며 그들이 정착의 기반을 마련하는데 도움을 주었다.

그러나 이주민들과 원주민의 평화는 한세대도 지속되기 어려운 성질의 것이었다. 단적인 예로 이처럼 백인들과 우호적인 관계를 맺었던 마사소이트 추장의 둘째 아들 메타코밋은 1675년 시작되어 1년 정도 지속된 원주민 역사상 가장 격렬한 백인과의 전쟁을 이끌게 된다. 그 전쟁은 메타코밋의 세례명이 필립왕이었기 때문에 백인들에 의해 필립왕 전쟁(King Philip's War)으로 명명되었다. 메타코밋은 원래 백인들과 무역을 하며 평화를 추구하였으나, 대추장이었던 형 웜수터(Wamsutta)가 협상을 하러갔다 돌아오는 길에 독살당하여 죽자 추장의 자리를 이으면서, 원주민들의 땅을 탐내는 백인들에 대한 깊은 반감을 가지게 되었으며 급기야는 전쟁을 일으켰던 것이다. 백인 이주민과 원주민간에 있었던 또 한번의 격렬한 무력 충돌은 그 이전에 있었던 피쿼드 전쟁 (Pequod War)이다. 1636년에서 1637년에 걸친 이 전쟁에서 매사추세츠와 플리머스 식민지가 내러갠셋, 모히컨 종족과 연합하여 피쿼드 부족과 격렬히 충돌하였고, 그 결과 피쿼드 부족은 거의 전멸하다시피 하여 뉴잉글랜드 남부 지방을 백인 세력이 차지하게 되었다.

물론 백인들이 처음부터 원주민들을 적대시하기만 한 것은 아니었다. 그들은 이주 초기에는 원주민 부족으로부터 땅을 사기도 하였으며, 원주민들을 대등한 존재로 대하기도 하였다. 크리크, 세미놀, 체로키 족 등 일부 원주민들은 흑인 노예를 부리며 다른 플란테이션의 유럽인 농장주들과 필적할 만한 지위를 가지기도 했다(혹시 107). 원주민들을 고유한 문화와 전통을 가진 고도로 문명화된 부족으로 인식하며 그들의 역사, 생활, 종교 등에 관해 연구했던 로저 윌리엄스(Roger Williams)와 같은 경우도 있었다. 그는 1643년 『아메리카 언어에 대한 이해』(A Key into Language of America)를 펴내며 원주민의 역사와 삶과 사상 종교에 대한 정보를 수록하고 원주민은 야만인이나 이교도가 아니라 오히려 그들로부터 백인들이 배울 것이 많다고 주장하며 선교의 노력을 배가할 것을 촉구하였다. 또한 청교도 선교사 존 엘리엇(John Elliot)도 1631년 매사츄세츠에 선교사로 와서 원주민 선교학교를 창립했다. 그는 구약성서와 신약성서를 원주민의 알곤퀸(Algonquina)어로 번역한 최초의 사람으로서 58년 동안 선교활동을 하면서 14개의 원주민 마을에 성서학교를 설립하여 기독교를 가르쳤다. 개종한 원주민들을 그들의 전통적 생활관습으로부터 분리해내기 위해 1650년에는 영국의 제도와 관습을 따라 건설되고 운영되는 기도 마을(praying town)을 건설하였는데 이 기도 마을은 상당히 빠르게 퍼져나가 20여 군데로 늘어나기도 했었다(유 320).

그러나 이러한 부분적인 노력들에도 불구하고 초기 접촉기에 청교
도들이 원주민들에 대하여 가진 인식이 호의적이었다고 판단하기는 어
렵다. 가령 윈스롭 같은 경우는 원주민에 대한 의식에서 극도로 백인
중심주의적이었다. 그가 꿈꾸었던 '언덕 위의 도시'는 온 세상이 바라
보는 백인들의 도시였으며 그 계획에서 원주민들이 참여할 부분은 없
었다. 그래서 백인들이 구대륙으로부터 옮겨온 병원균에 의해 천연두가
창궐하여 원주민들이 떼죽음을 당하자 윈스롭은 주의 성도들을 위해
땅을 청소하는 하나님의 섭리로 해석하기도 하였다(Elliot 38).

백인들이 가진 인종 의식도 현대의 그것과는 많은 부분에서 차이
가 있었다. 본(Vaughan)에 따르면, 정착초기에는 이주민들은 원주민과
그들의 차이를 인종적으로 보다는 문화적인 것으로 보았다고 한다. 아
프리카인들은 애초부터 근본적으로 동화가 불가능한 인종적인 차이를
가진 것으로 인식한 반면, 원주민들은 피부색도 밝은 색으로 인식하면
서 영국적인 사회적 규범과 기독교리만 받아들이면 자신의 사회로 흡
수될 만한 집단으로 보았다는 주장이다. 베넷(Bennet)도 유사한 분석을
하고 있는데, 그는 17세기 식민지에서는 자유로운 신분인지 매여 있는
신분인지가 신분 분류의 첫번째 기준이었으며, '백인'(white)이라는 의
식이 없이 스스로의 정체성을 '영국인'이라든지 '기독교인'으로 정의내
렸으며, '백인'이라는 오만한 단어가 생겨난 것은 17세기 말엽이라고
주장하고 있다.

땅을 둘러싼 갈등이 심해지면서 백인들이 가진 원주민에 대한 적
대감도 높아졌다. 백인들은 원주민들을 "야만인"(savage)이라든지 동물
과도 같은 존재로 간주함으로써 땅의 주인이 될 수 없는 존재로 격하시

키고 그들이 살던 땅은 사람의 손이 닿지 않는 '처녀지'로 간주하기 시작하였다. 17세기 말엽이 되면서 원주민에 대한 편견과 차별이 제도적인 영역까지 이르게 되어 흑인, 원주민, 혼혈인과의 결혼을 금하는 혼혈결혼금지법이 메릴랜드(Maryland)에서 1661년에, 그리고 버지니아에서는 1691년에 제정되었다(혹시 141). 1756년에서 1763년까지 프랑스와 원주민들이 연대하여 영국과 벌였던 프렌치원주민 전쟁에서 영국이 승리함으로써 영국은 북아메리카 식민지의 맹주로 군림하였고, 프랑스와 연대하였던 원주민에 대한 반감은 더욱 커지게 되었다.

1784년 영국 정부로부터 독립한 정착민들이 미국이라는 국가를 세웠을 때는 이미 현재 미국의 인종주의도 깊게 뿌리를 내리고 있었다. 그런데, 많은 원주민들이 아프리카인과 함께 노예생활을 할 정도로 비참한 생활을 하고 있었지만, 백인들은 사회계급에서는 원주민과 아프리카인을 분리하여 원주민을 우월한 위치로 인정하였다. 원주민과 아프리카인의 연대에 대한 두려움 때문이라고도 분석되는 이러한 정책에 대하여 3대 대통령 토마스 제퍼슨은 원주민을 미합중국 사회에 동화시켜야 한다고 하면서 아프리카인들은 "심신 양면의 능력에서 백인보다 열등하며, 그들의 피부색이 해방을 가로막는 강력한 장애물"이라고 구분하였다. 원주민은 문화적으로 백인들보다 열등하되 변화의 가능성이 있는 인종이지만 아프리카인들은 그런 가능성조차도 없다고 간주한 것이다. '문명화'를 통해 구원받을 수 있는 '고귀한 야만인'으로서의 원주민 이미지는 원주민들에게도 호소력을 가졌고, 특히 원주민들도 아프리카인들과 구별되기를 원하였기 때문에 백인들의 인종주의를 수용하였다.

원주민들을 백인보다는 열등하지만 아프리카인보다는 우월하다고 간주하는 것과는 별도로 현실적인 차원에서는 원주민에 대한 수탈이 가혹하고 집요하게 계속되었다. 1787년 "원주민들의 동의 없이는 그들의 토지와 재산을 빼앗을 수 없다"는 "북서법령"이 의회에서 통과되어 원주민의 재산을 보호하려는 시도가 있었으나, 이 법은 곧 현실적으로 무시되기 시작하였다. 19세기 초반부터 미국은 국가의 구조를 확립시키기 시작했고, 그에 따라 원주민 영토에 대한 침탈도 본격화되었기 때문이었다. 특히 18세기에는 현실적인 적대적 정책들에도 불구하고 원칙적으로는 원주민에 대한 동화정책이 천명되었다고 할 수 있지만, 19세기에는 원주민을 백인 주류 사회로부터 분리시키려는 정책이 연방정부 차원에서 진행되었고, 그 결과 19세기는 원주민과 백인 세력의 갈등이 국가적인 전면전 양상으로 확산되는 격동의 시기였다.

1830년 앤드루 잭슨 대통령이 선포한 "원주민 이주법"은 미시시피 동쪽의 모든 원주민을 강제로 미시시피강 서쪽으로 이주하도록 하였다. 원주민들이 삶의 터전을 떠나 서부로 쫓겨나는 혹독한 긴 여정에서 수천 명이 목숨을 잃었고, 체로키 족은 자신들이 이동했던 경로를 눈물의 길(Trail of Tears)이라고 불렀다. 이렇게 축출된 원주민들이 수용되었던 소위 '원주민 보호구역'(Indian Reservation)은 그 공적인 의도와는 달리, 척박한 환경에서 배급에 의존하며 살아야했던 원주민 강제수용소에 불과하였던 것이다. 미국이 태평양부터 대서양 사이에 있는 미대륙 전체를 통치하는 것은 하나님에 의해서 승인을 받은 '명백한 운명'(Manifest Destiny)이라는 기치 하에 1848년부터 1886년까지의 38년의 기간 동안에 미국의 서쪽 절반에 거주하던 원주민들은 백인침략자들의 싸움에서 패배하고 그들 영토의 대부분을 빼앗겼다(혹시 237).

이러한 상황 속에서 아파치족이 1860년 이후부터 1886년 항복할 때까지 수십 년 동안 끊임없이 무력저항을 전개하는 등 원주민들은 끊임없이 저항하였으나 이미 승산없는 시도일 뿐이었다. 1870년대 정령춤(Ghost Dance) 저항은 오히려 백인들의 강력한 탄압을 자초하는 계기가 되기도 하였다. 파이우트(Paiut)족의 많은 사람들이 질병으로 사망한 후 주술사 워보카(Wovoka)는 이 춤을 추면 죽은 지 오래되지 않은 사람들의 영혼을 되살릴 수 있다는 계시를 받게 되고, 이것이 이 춤을 추면 백인들이 사라질 것이라는 믿음으로 변화되면서 다른 부족들에게까지 이 의식이 확대되었다. 미국 정부는 이 의식이 체제 위협적이라고 느껴 탄압하면서 갈등이 악화되었고, 이것은 1890년의 원주민 저항과 운디드니(Wounded Knee)의 학살, 그리고 원주민 지도자 시팅불(Sitting Bull)의 사살로 이어지면서 종결되었다.

1890년 미국은 더 이상 개척할 땅이 없어 프론티어가 소멸되었음을 인정하였고, 19세기 말엽이 되자 원주민과 정부의 갈등의 가장 근본적인 원인이었던 원주민 소유의 땅도 거의 사라졌다. 1887년 발효된 도즈 개별토지 소유법(Dawes Severalty Act)은 원주민들을 토지의 소유주로 만들고 농경을 하게 함으로써 미국 사회의 시민으로 자리잡게 하려는 시도였다. 그러나 부족의 토지를 부족원들이 분할 소유하게 하고 성인 지주에게는 시민권을 주는 이 제도 시행의 결과로 부족의 보호구역 토지가 사라지고 원주민 개인에게 할당된 땅마저 백인들에게 헐값으로 넘어가 9000만 에이커의 원주민 소유 토지가 백인들에게 이전되었다 (혹시 286).

1891년에는 원주민 의무교육제가 실시되고, 1894년에 대부분의 원주민이 시민권을 가지게 되었으며, 원주민 인권운동도 활발하게 전개되기 시작하며 수많은 억압과 불평등 조약들을 척결하려는 노력이 시작되었다. 현재 원주민 집단의 상황은 여전히 미국 주류의 평균적 생활수준보다 열악하다. 그러나 역사 깊은 원주민에 대한 박해와 동화정책의 이중적 억압에도 불구하고 원주민들의 문화와 전통, 그리고 가치체계는 여전히 미국 사회의 주요한 구성요소로 현재까지 남아있다. 원주민들은 소수의 구성원을 통해서이기는 하지만, 그리고 '원주민 지정거주지역'(Indian Reservation)이라는 협소한 영토 위에서이기는 하지만, 그들의 전통을 지키며 미국 사회의 비주류로 존재하고 있다. 더욱이 비록 이들이 수적으로는 소수이지만 그들이 상징하는 가치들은 주류 미국 사회에 대하여 기술만능주의, 개발우선론의 각박한 현실에 대한 비판과 생태학적인 가치관을 제시하며, 미국의 광대한 자연과 연관된 이상주의적인 삶의 상징으로 존재하고 있다.

제 3 장

미국 문화에 나타난 '원주민'의 이미지

미국 문화에 나타난 '원주민'의 이미지는 이중적으로 단순화되어 있다. 즉, 문화적인 차이가 무시되고 다양한 원주민 문화가 하나의 동일한 문화인 것처럼 환원되고 있으며, 또한 인간으로서의 다차원적이고 복합적인 내면이 고려되지 않고 단순화되고 있는 것이다.

우선 북아메리카 대륙 전역에 걸쳐서 살았던 원주민들은 '원주민'이라는 하나의 범주로 환원되기 어려울 만큼 다양한 문화 형태를 보이고 있었다. 사막지역, 초원지역, 그리고 동부의 삼림지역과 북극지역에 이르기까지 자연환경의 다양성은 곧 생활조건과 문화의 다양성을 낳았으며, 원주민들은 최소 200여 가지의 서로 다른 언어를 사용하며 아메리카 대륙 전역에 퍼져서 거주하면서 각기 독특한 문화와 전통을 이루며 살았다.

그럼에도 불구하고 미국 문화속의 원주민의 모습은 그러한 다양성이 무시당하면서 단순화되었고, TV나 영화 등에 나타나는 원주민은 대개 깃털로 장식한 머리에 말을 타고 총으로 사냥을 하는 모습으로 그려진다. 이것은 17세기 스페인으로부터 말이 수입되면서 기마부족이 되었던 아파치족이 남부 대평원을 정복하고 영향력을 넓힌 결과 19세기의 아파치 생활방식이 미국인들에게 원주민의 전형으로 각인되었기 때문이다(혹시 111). 이러한 원주민의 이미지는 서부영화가 유행했던 1940년대에서 1970년대까지 영화와 TV 등의 미디어를 매개로 국제적으로 통용되며 원주민의 스테레오타입으로 굳어졌다.

이렇게 단순화된 '원주민'의 문화는 서구문명과 반하는 개념으로 자리잡았다. 서구의 기술 문명을 옹호하는 관점에서 원주민 문화는 원시적이고 미신적이며 비이성적인 것이기에 서구 문명으로 대치되어야 할 바람직하지 못한 상태로 인식되었으며, 반면 서구 문명의 물질 만능주의와 효율 우선적인 가치관을 비판하는 관점에서는 원주민 문화가 인간의 타고난 고결함을 훼손하지 않고 간직하고 있는 원형적인 문화로 간주되었다. 원주민 문화를 원시적으로 보건 원형적으로 보건 이 두 가지 관점은 원주민 문화와 전통의 다양성과 고유성을 간과하고 서구 문명에 대한 가치판단을 투사하고 있다는 점에서는 공통적으로 환원적인 가치판단을 하고 있다고 볼 수 있다. 그리고 긍정적이건 부정적이건 원주민의 문화에 대한 비현실적이고 비사실적인 전형화는 현실 차원에서의 건강한 관계를 저해하는 것이다.

원주민의 문화가 이처럼 단순화되어 그 평가가 이분법적으로 나누어지는 현상은 개인적인 차원에서도 나타난다. 우선 원주민들은 개인적인 차이, 즉 그들의 개성, 행동의 동기, 내면의 갈등이나 심리적 기제 등에 대한 고려없이 단순화고 평면화된 존재로 미국 문화에 등장한다. 영화나 TV에서 백인 등장인물들이 다면적인 인물묘사와 그들의 내면 세계에 대한 묘사를 통하여 살아있는 인간으로 그려질 때조차도, 원주민 인물들은 이야기 전개를 위한 기능만을 담당할 뿐 갈등도 동기도 설명되지 않는 인형과 같은 존재로 그려지는 경우가 많다. 즉, 대개 그들은 육체적으로 성장했을 뿐 지적으로 발달하지 못하고 심리적으로도 어린아이처럼 단순화된 존재로 인식되고 있는 것이다.

원주민의 문화적, 개인적인 차이와 다양함을 무시한 결과 생겨난 원주민의 스테레오타입을 위키피디아(Wikipedia)는 "지혜로운 노인, 공격적인 술주정뱅이, 원주민 공주, 뚱뚱하거나 왜소한 충성스러운 부하, 자연을 사랑하는 사람이나 헌신적인 환경주의자"로 정의하며, 할리우드는 원주민 부족을 척결하거나 제어해야하는 적대적인 존재 혹은 야생생물의 형태로 그리고 있고, TV와 영화, 소설, 라디오나 만화 등 다양한 매체에서 원주민을 원시적, 폭력적이거나, 범법자, 강간범, 사기꾼, 저능함, 수동적이며 어린아이처럼 순종적인 사람으로 묘사하고 있다고 지적하고 있다.

이처럼 원주민은 극단적으로 선하든지 극단적으로 악한 존재로 이분화된다. 그리고 선하고 악한 기준은 그가 백인과 어떠한 관계를 맺는가에서 판단된다. 서부영화에서는 백인들의 생존을 위협하는 호전적인 야만인들이 그 대다수를 차지하며, 그리고 백인 주인공의 부하, 안내자, 친구로 백인을 돕는 좋은 원주민이 소수 등장한다. 특이한 것은 나쁜 원주민은 대부분 집단으로 등장하며 개인적인 특징이 부각되지 않아 인간적으로 형상화되지 않으며, 좋은 원주민 역시 백인 주인공과의 우호적인 관계와 백인을 돕는 그의 기능이 부각될 뿐 그의 다른 면모들은 드러나지 않는다.

'원주민'의 이미지와 연관되는 이미지는 미국의 자연이다. 미국적 상상력 속에서 원주민과 문명은 공존할 수 없는 것이었기 때문에 '원주민'은 자연 속에 위치된다. 그런데 이 자연을 어떻게 간주하는가 또한 원주민의 이미지에 연결되어 있다. 미국의 자연을 폭력이 지배하는 무법상태의 황야로 간주하는지 혹은 문명으로부터 벗어난 독립적 자아가 우주와 대면하는 장으로 간주하는지에 따라 그것을 터로 삼은 원주민 문화에 대한 평가 또한 달라지는 것이다.

황야로서의 측면이 강조되는 경우 황야는 마을과 대조되는 공간으로 백인 이주민들이 아직 점령하지 못한 개척의 대상인 동시에, 문명의 힘이 미치지 않은 무질서의 공간이다. 이 황야와 함께 문명에 반하는 무질서의 힘을 상징하는 원주민과의 갈등이 부각되는 영화에서 원주민들은 백인 여성을 납치하든지 혹은 백인의 소유물에 대한 침해나 백인 가정에 대한 위협들을 가하여 백인들이 세운 질서를 위협하는 존재로 나타난다. 그리고 총잡이나 카우보이로 등장하는 백인 주인공은 법에 의지하기 보다는 총이라는 문명의 이기를 이용하거나 자신의 기술로서 이들을 제압한다. 개척하고 문명화하여야 할 대상인 무질서와 무법의 황야는 곧 그곳에 거주하는 원주민의 상징이기도 하였던 것이다. 수(Sioux)족의 추장 스탠딩베어(Standing Bear)가 웅변적으로 토로했던 "오직 백인들에게만 자연은 '황야'였고, 오직 그들에게만 그것은 '사나운' 동물들과 '야만적' 사람들로 '창궐하고 있었다.' 우리에게 자연은

온순했다. 대지는 자애로웠고 우리는 위대한 신비의 축복으로 에워싸여 있었다"는 지적은 이처럼 타인의 질서를 무질서로 간주하는 백인사회의 백인중심주의에 대한 비판이기도 하다.

반면 자연으로서의 측면이 강조되는 경우 백인들은 변경지역(Frontier)에 거주하며 자연과 합일된 원주민들과 접촉한다. 자기 충족적이고 독립적이며 새로운 세계와 조우할 준비를 갖춘 새로운 아담으로서의 백인은, 문명과 태초의 세계가 접하는 접경지대인 프론티어에서 원시의 순수성을 갖춘 원주민과 깊은 교류를 하며 새로운 미국적 개인과 과거의 역사로부터 벗어난 새로운 국가의 탄생을 이루어내는 것이다. 그러나 이러한 프론티어의 개념 또한 정적인 개념이 아니라 문명의 영역을 확장해나가는 최전선이라는 의미를 가진 것이기에, 프런티어에서의 백인과 선한 원주민의 교류는 백인의 생존과 개척을 돕는 조력자로서의 원주민의 기능을 전제로 이루어지는 것이었다.

선한 원주민과 나쁜 원주민의 원형은 일찍이 개척 초기부터 만들어진 것이었다. 우선 원주민들의 공격에 집과 가족들을 잃고 자녀들과 함께 11주동안 포로로 잡혀있었던 경험을 쓴 로랜슨(Mary Rowlandson)의 포로수기에서 원주민들은 청교도 집단의 나태해진 신앙생활에 대한 하나님의 징벌의 도구로 보내진 "사탄의 자식," "지옥의 사냥개"로 묘사된다. 이러한 나쁜 원주민의 이미지는 쿠퍼(James Cooper)의 『모히컨족의 마지막 후예』의 마구아(Magua)라든지, 트웨인(Mark Twain)의 『톰 소여의 모험』에 등장하는 공포의 존재 원주민 혼혈 인전 조(Injeon Joe) 등 아동들로부터 성인에 이르기까지 읽히는 문학작품들을 통하여 끊임없이 문학작품과 독자들의 뇌리에서 재생산되어왔다. 특히 원주민 혐오자로 알려진 트웨인은, 원주민을 도덕적 타락과 동일시하는 수사학을 통하여 원주민에 대한 극단적으로 부정적인 이미지를 그의 작품에서 그려내고 있다.

한편 문명에 오염되지 않고 선한 본성과 위엄을 가지고 자연 속에서 살아가는 좋은 원주민은 '고귀한 야만인'(Noble Savage)으로 그려진다. 1584년에 쓰여진 발로우(Arthur Barlowe)의 『로아노크로의 첫 번째 여행(The First Voyage to Roanoke)』에서 원주민은 "아주 친절하고, 애정을 가지고 있으며 신의가 있고 속임수나 배반을 하지 않고, 황금시대의 삶의 방식을 따라 산다"고 묘사된다(8). 다른 여행기들이나 그리스 고전 문학의 영향이 반영되어 있는 이러한 호의적인 묘사는 이 보고서를 월터 롤리경(Sir Walter Ralegh)이나 왕실에게 보내 자신의 탐험을 계속 지원하게 하려는 의도의 산물이었다고 해석된다(Lauter 19).

원래 그리스에서 기원한 '고귀한 야만인'의 개념은 문명에서 파생된 문제점들에 대한 해결 방안으로 자연으로의 회귀를 제시한 것으로서, 결국 낭만적이고 이상화된 '고귀한 야만인'이 문명에서는 설 자리가 없게 되는 현실도피적인 개념인 것이다. 쿠퍼의 주인공 내티 범포의 친구 칭가치국(Chingachgook)이 결국은 모히컨 족의 마지막 후예인 것이나 멜빌(Herman Melville)의 퀴퀘(Queequeg)의 관이 침몰하는 피쿼드 호에서 이슈메일(Ishmael)을 구해내지만 그 자신은 그 침몰로부터 생존하지 못하는 것도 그들이 미국 사회에서 사는 모습을 구체화시키기가 어렵기 때문이라 할 수 있다.

원주민의 이미지 중 미국 사회에 가장 매력적으로 받아들여진 것은 포카혼타스(Pocahontas)의 경우이다. 백인 남성에게 헌신하는 원주민 처녀의 이야기는 백인들의 상상력을 사로잡아 원주민과 백인의 초기 접촉에 관한 가장 사랑받는 이야기로 남게 되었다. 포카혼타스와 존 스미스에 관한 이야기는 존 스미스의 기록에 의거한 것이고 후에 어린이들에게 맞추어 디즈니 만화영화로도 각색된 바 있으나, 그 역사적 사실성에 관하여서는 여러가지 이견이 제시되고 있다. 존 스미스가 펴낸 책에 따르면 포카혼타스의 아버지 포우하탄(Powhatan) 추장이 자신을 처형하려는 순간 그녀가 목숨을 걸고 뛰어들어 그 처형을 중지시킴으로써 자신이 살아날 수 있었다는 것이다. 백인 남성에게 매혹되어 야만스러운 동족들로부터 그를 지키기 위해 헌신하는 원주민 처녀의 모습을 통해 백인들은 유색인종에 대한 우월함을 확인하면서 정복자를 반기는 피정복자의 모습을 그녀에게 투사시키고 있다. 그러나 이 책은 포카혼타스가 22살의 어린 나이에 죽은 후 오랜 시간이 지나고 쓰여진 것이어서 그것이 과연 사실인지 확인이 불가능할뿐더러, 과연 사건이 일어난 당시 12살에 불과하던 포카혼타스가 그토록 극단적인 헌신을 할만한 동기가 있을까에 관하여서는 상당한 의구심이 뒤따른다.

　　로터(Paul Lauter)는 원주민 문화에 대한 지식에 근거한 보다 설득력있는 해석을 다음과 같이 제기한다. 존 스미스는 제임스타운(Jamestown)의 백인 추장으로 오인받았고, 원주민의 문화적 관례에 따르면 추장을 죽이는 것은 부적절하였기 때문에 그를 죽일 수가 없는 상황이었다. 당시 체사피크(Chesapeak) 지역에서 다른 종족들에 대한 지배권을 공고히 하고 있던 포우하탄은 스미스를 자신에게 종속된 부추장으로 입양하는 의식을 통해서 외양상 자신의 힘을 과시하려 했던 것이고 그 입양의식에 포카혼타스가 참여하였는데, 원주민 문화에 무지한 스미스는 그러한 맥락을 이해하지 못했다는 것이다(4).

디즈니 영화에서의 포카혼타스는 존 스미스와 사랑에 빠져 영국으로 건너가는 것으로 나오지만, 역사적으로 그녀는 원주민들의 공격을 막는 인질로 제임스타운에 3년간 인질로 잡혀있었다. 1614년 그녀와 존 롤프와의 결혼은 사랑에 의한 것이라기보다는 아버지의 정치적 필요에 의한 것일 수 있다는 것이 역사적 해석이다(Lauter 4). 자유로운 영혼으로 자신이 원하는대로 대륙을 오가는 모험의 삶을 살면서 백인들의 세계를 선택했던 원주민 여성으로 그려지는 포카혼타스는 역사적으로는 남성들이 주도하는 전쟁과 갈등의 상황 속에서 포로와 같은 삶을 살다가 짧은 인생을 마감했던 것이다.

포카혼타스의 침묵위에 백인들의 상상력과 욕망은 헌신적으로 백인의 삶을 도와주는 원주민 여성의 이상화되고 신화화된 이미지를 그려낸다. 미대륙을 처녀지(Virgin Land)로 부르며 여성의 몸으로 간주하는 시각은 백인 남성과 그의 문화를 기꺼이 받아들이고 헌신하는 원주민 처녀의 이미지(Faery 87)를 통하여 새로운 땅과 문화에 대한 정복을 확인할 수 있었다. 그래서 해밀턴(Hamilton)은 포카혼타스와 같은 원주민 처녀의 이미지가 백인 남성들이 가진 욕망을 투사한 이미지라고 평하고 있는 것이다(4).

역사적 현실에서 백인들이 원주민을 가혹하게 밀어내며 자신들의 영토를 넓혀갔던 것처럼 백인들의 세계에서 원주민이 설 자리는 없었으며, 그 점에 있어서는 포카혼타스와 같은 좋은 원주민이나 인전 조와 같은 나쁜 원주민도 예외가 없었기에 1869년 셰리던 장군(Philip Sheridan)의 "좋은 원주민은 죽은 원주민뿐"이라는 말은 널리 펴져 지금까지도 인구에 회자되는 속담이 되었다. 서부영화에서도 정의를 수호하는 백인에 의해 죽는 나쁜 원주민이든지, 혹은 백인을 돕다가 나쁜 원주민에 의해 죽는 좋은 원주민이든지 이들은 대부분 영화의 끝까지 생존하지 못하며, 정의의 편인 백인 주인공만이 살아남아 또 다시 황야로 떠나는 장면으로 영화는 대단원을 맺는다.

현재까지 여전히 어린아이들 사이에서 즐겨 불리는 동요 "열 명의 작은 원주민 소년들"(Ten Little Indian Boys)의 원래 가사에도 이러한 원주민의 멸절에 대한 염원이 엿보인다.

> 열 명의 작은 원주민 소년들이 저녁을 먹으러 나갔는데
> 한 명이 목이 막혔고, 그러니까 아홉이 되었네.
> 아홉 명의 작은 원주민 소년들이 늦게까지 잠을 안자다가
> 한 명이 늦잠을 잤고, 그러니까 여덟이 되었네.
> ------
> 일곱 명의 작은 원주민 소년들이 나무를 자르고 있었는데,
> 한 명이 자기를 반으로 잘랐고, 그러니까 여섯이 되었네.
> 여섯 명의 작은 원주민 소년들이 벌집을 가지고 놀고 있었는데,
> 호박벌이 한 명을 쏘았고, 그러니까 다섯이 되었네.
> ------
> 두 명의 작은 원주민 소년이 총을 가지고 놀고 있었는데,
> 한 명이 다른 한 명을 쏘았고, 그러니까 한 명이 되었네.
> 한 명의 작은 원주민 소년이 홀로 남겨졌는데,
> 그는 나가서 자기 목을 매었고, 그러니까 아무도 안 남았네.

> Ten little Indian boys went out to dine
> One choked his little self and then there were nine

Nine little Indian boys sat up very late
One overslept himself and then there were eight

Seven little Indian boys chopping up sticks
One chopped himself in half and then there were six
Six little Indian boys playing with a hive
A bumblebee stung one and then there were five

Two Little Indian boys playing with a gun
One shot the other and then there was one
One little Indian boy left all alone
He went out and hanged himself and then there were none

흥겨운 가락에도 불구하고 이 가사는 원주민 소년들이 이런 저런 사고들로 하나씩 없어져 결국 "그리고는 아무도 남지 않았다"로 끝나는 잔혹한 내용을 담고 있다. 이것이 영국에서는 '원주민' 대신에 '검둥이'(nigger)라는 단어로 대치하여 불리웠다는 사실 또한 이러한 노래가 사회의 혐오계층의 멸절을 기원하는 의미를 가지고 있었음을 짐작케한다.

미원주민에 대하여 적대적인 시각을 견지했던 작가들뿐만 아니라 미원주민을 폭력적으로 제거하고 있는 백인들을 비난하며 미원주민의 운명을 안타까워하는 작가들의 경우조차도 그들 작품에 나오는 원주민들은 여러 가지 양상으로 백인사회에서 제거되는데, 이러한 현상을 오리언스(G. Harrison Orians)는 "사라지는 원주민 숭배"(The cult of vanishing indians)라고 이름 붙인다(Dippie 21). 여기서 '사라지다'라는 단어는 사라지게 만드는 주체로서의 백인이 가려지고 마치 원주민 스스로가 자발적으로 사라지거나 혹은 거역할 수 없는 어떤 자연적 현상이나 운명에 의해서 사라지게 되는 듯한 어감을 주고 있다. 또한 이들 작가들이 미원주민의 '사라짐'을 묘사할 때는 "태양빛 앞에서 눈이 녹듯이"라든지 "태양이 끊임없이 잠식하는 곳의 모래처럼" 등 자연적 소멸의 이미지가 동원되며, 내러티브 차원에서도 미원주민들은 주로 무언가에 대한 상실의 슬픔으로 죽는다거나 스스로 자연 속으로 사라지는 것으로 그려짐으로써 백인들의 파괴성은 감추어지고 있다(Dippie 13). 이렇게 '사라지는 원주민(Vanishing Indian)'이라는 개념이 국가적 인물의 신화적 이미지를 강조하는 동시에 현실적 국가차원에서 원주민을 배제시킬 수밖에 없는 필요성을 충족시키고 있을 가능성도 있는 것이다.

미국 문학에 나타나는 미원주민의 이미지는 공시적으로 위와 같은 두 줄기로 나누어 볼 수 있으며, 통시적으로 볼때 원주민에 대한 관심의 정도나 인식의 양상은 당대의 역사와 사회적 상황을 긴밀하게 반영한다. 예를 들어 17,18세기 식민초기라든지 영토분쟁이 격화되었을 때는 청교도적인 사고의 틀로 원주민들을 사탄의 세력으로 인식하는 경향이 강하였고, 19세기에 와서는 낭만주의의 영향과 더불어 원주민에 대한 억압과 권리의 침탈이 완결되면서 원주민에 대한 적대적 인식 대신 낭만주의적 이상화와 그들의 운명에 대한 공감적이고 감상적인 아쉬움이 자리잡게 된다. 그리고 현대로 들어와 소수인종 인권에 대한 의식이 증가하여 다문화주의적 인식이 대두하고 소수인종 작가들이 부상하게 되면서, 긍정적으로 형상화되는 소수인종 주인공들이 영화에서도 등장하며 미원주민에 대한 인식도 다면화되고 있다.

해밀턴(Wynette L. Hamilton)은 아메리카 원주민을 다루고 있는 미국 작가들을 두 유형으로 분류하여, 원주민들을 비문명화되고 비기독교적이고 잔혹한 종족으로 묘사한 "인종중심적 정복자들" (Ethnocentric Conquerors)과 백인들의 탐욕과 이익추구에 의해 파멸해가는 순수한 종족으로서 원주민을 묘사하고 백인들을 강력히 비난하는 "인종중심적 낭만주의자들"(Ethnocentric Romantics)로 나누고, 전자에 프레노(Philip Freneau), 브라운(Charles Brockden Brown)을, 그리고 후자에 쿠퍼(Cooper), 롱펠로우(Henry Longfellow), 심스(William Simms) 등을 위치시키고 있다(1-2). 그는 18세기 문학에 주류를 이루었던 원주민의 사탄적인 이미지나 19세기에 강조되었던 고귀한 야만인의 이미지가 원주민에 대한 당대 사회의 태도를 반영하는 것임을 주장하며 이러한 작가들의 태도가 원주민 문제에 대한 당대의 정치적 상황과 그에 대한 사회적 분위기를 밀접하게 반영하고 있음을 "주목할 만한 작가들, 특히 소설 작가들은 그들의 명성 때문에 흔히 우리가 생각하게 되는 것처럼 소수에 대한 태도의 개혁의 선구자라기보다는, 당대의 가치와 문화적 관습과 편견을 반영하는 경향이 있다"고 언급하고 있다(26).

그러나 이러한 해밀튼의 결론은 작가를 그 시대의 맥락속에 놓고 그 연관성을 추적하는데는 유효한 관점이지만, 또한 작가가 시대와 가지는 관계 중에 종속적인 관계만을 강조함으로써 작가들만의 독특한 영역을 무화할 수 있는 위험성을 안고 있다고 하겠다. 또한 이 관점은 동일한 시대에서 작품들의 다양성이나 동일한 작가의 상이한 원주민 형상화를 설명하지 못한다. 예를 들어 19세기에는 "고귀한 야만인"의 이미지가 주류를 이루었다는 해밀튼의 주장과는 달리, 이 시대에도 원주민들은 인간의 어린 시절과 황금시대의 순수함에 대한 상징적 존재로서와 더불어 미국의 전원적 평화를 잔인하게 부수는 존재로서 양극화되어 나타나고 있음을 볼 수 있다고 보는 견해 또한 보편적인 것이다 (Herzog 16).

문학은 시대의 인식을 반영하는 동시에 시대의 한계를 초월하는 통찰력을 제공한다. 미국의 인종 문제에 대한 개별 작가들의 반응은 각 작가가 처했던 역사적 현실을 반영하는 양상과 초월하는 양상을 함께 보인다. 그러므로 각 작가의 작품에 대한 개별 분석을 통해 우리는 각 시대의 '원주민'의 이미지들과 그 이미지에 비친 주류사회의 양상을 점검할 수 있을 것이다.

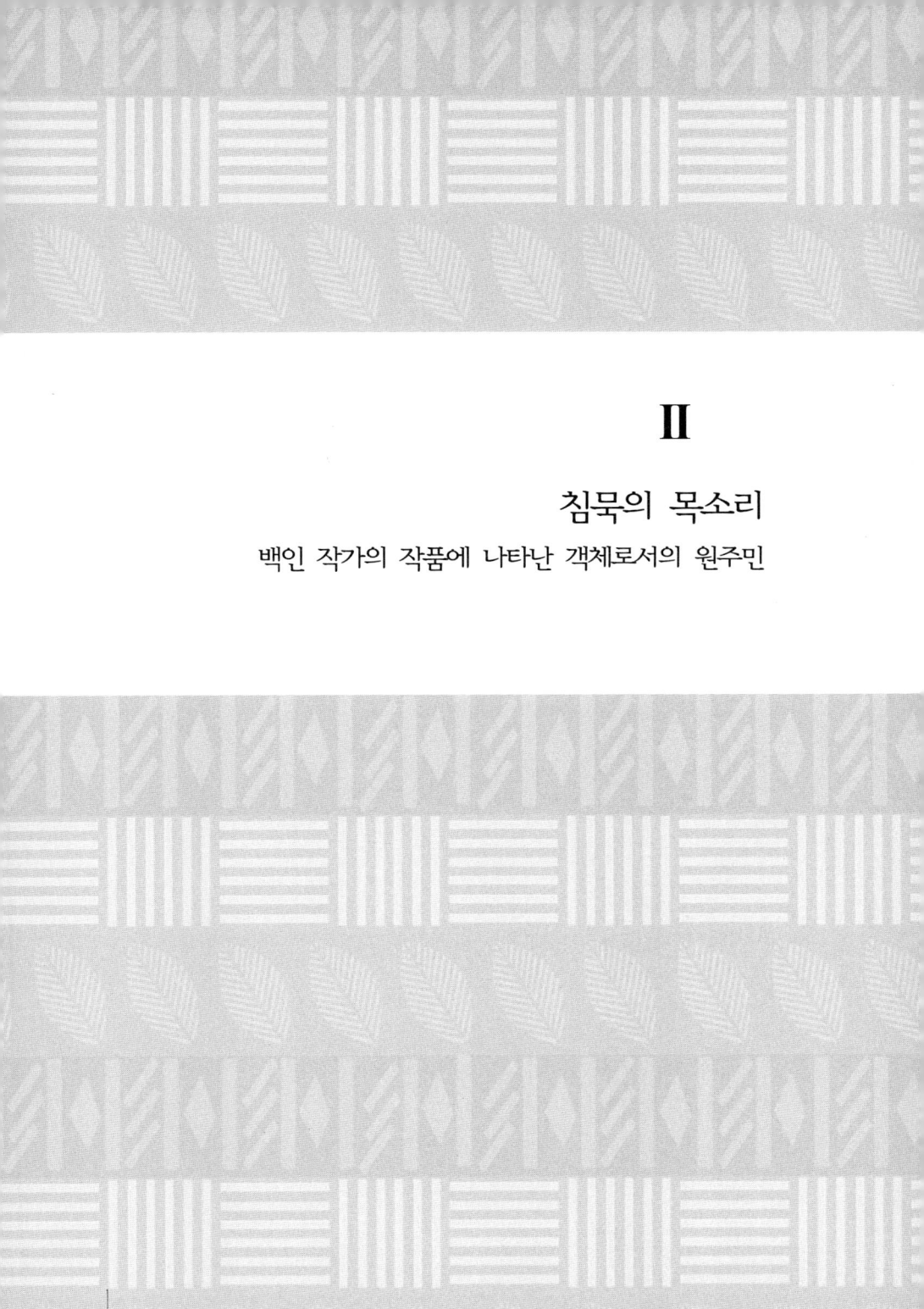

II

침묵의 목소리
백인 작가의 작품에 나타난 객체로서의 원주민

제 4 장

┼┼┼┼┼┼┼┼┼┼┼┼┼┼┼┼┼┼┼┼┼┼┼┼┼┼┼┼┼┼┼

로랜슨Mary Rowlandson의 원주민 포로수기

아메리카 대륙으로 '개척'을 위해 건너온 백인 이주민들과 원주민들 사이에는 자연히 적대적인 충돌이 잦았다. 이들 사이에 있었던 무력 충돌의 와중에 원주민들이 몸값을 노리고 백인들을 포로로 잡아가는 경우가 많아서, 본(Alden T. Vaughan)과 리히터(Daniel K. Richter)에 따르면 1675년에서 1763년 사이에 뉴잉글랜드에서 원주민에게 포로로 잡혀갔던 사람은 1641명에 이르렀다(Derounian-Stodola xv). 이 결과로 탄생한 장르가 백인이 원주민에게 포로로 잡혀있는 동안의 경험을 서술한 원주민 포로수기(Indian captivity narrative)이다.

원주민 포로수기는 두 문화의 충돌, 새로운 문화에 대한 경험, 생사를 오가는 절박한 상황, 그리고 전투와 도주 등 흥미진진한 요소들로 인하여 당대에 큰 인기를 끌었고, 당대의 유럽에서는 항로 개척 등 탐험정신과 새로운 세계에 대한 관심이 팽배해있었기 때문에 새로운 문화와 접촉하는 여행기처럼 간주되며 즐겨 읽혔다. 그런데 원주민 포로수기는 그 장르적 성격 자체가 원주민과 백인의 갈등 상황을 백인의 관점에서 겪으며 기록한 것이기 때문에 원주민에 대한 부정적인 시각이 지배적이며 이 장르의 인기는 원주민에 대한 부정적인 견해를 더욱 확산시키는 방향으로 작용하였다.

원주민 포로수기가 활발하게 쓰여진 시기는 미국이 건국되기 이전의 시기이기 때문에 화자들은 스스로를 미국인이 아닌 영국인으로 의식하고 있다. 그러나 17세기 말엽 정착민들의 개척이 활발하게 진행되던 이 시기에는 엘리어트(Emory Eliott)가 지적한 것처럼 뉴잉글랜드 청교도들의 일상생활과 사고에 원주민들이 늘 자리하고 있었다(10). 대서양을 건너온 유럽 문화의 최전선과 아메리카 원주민 문화가 마주치는 접촉 지대(contact zone)에서 일어나는 격렬한 상호작용의 소용돌이로부터 미국적 정체성이 서서히 형성되기 시작하는 현상 또한 원주민 포로수기가 보여주는 흥미로운 기록이다. 그리고 이것은 영국 문학과 뚜렷이 구분되는 소재로 쓰여진 최초의 장르로서 미국의 건국 신화를 구성하는 일부가 되면서 미국 문학의 초기 역사에 편입되었다.

최초의 원주민 포로수기인 로랜슨(Mary Rowlandson)의 작품은 아메리카 대륙과 영국에서 동시에 출간되어 여러 차례에 걸쳐 재출간되었고 현재까지도 미국 문학 선집에 수록되며 인정받는 작품이다. 목숨이 경각에 걸린 극한적인 공포와 굶주림, 그리고 함께 포로로 잡힌 6살짜리 딸아이 사라(Sarah)의 죽음의 경험까지 담담하고 사실적인 필체로 써내려간 이 논픽션은 약자가 된 백인이 보는 미원주민 모습, 그리고 그러한 인식에 작용하는 청교도적인 세계관의 영향을 목격할 수 있는 유효한 자료를 제공하고 있다.

로랜슨의 수기는 필립왕 전쟁을 배경으로 하고 있는데, 필립왕 전쟁은 그 규모와 피해 정도가 상당하였기 때문에 당시 뉴잉글랜드 사회에 커다란 반향을 일으켰다. 더구나 로랜슨은 지역의 경제적 유지인 존 화이트(John White)의 딸이자 그 지역 목사인 조셉 로랜슨(Joseph Rowlandson)의 부인으로 당시 규모가 크지 않은 뉴잉글랜드 사회에서 상당히 높은 사회적 지위에 올라있었다. 따라서 그녀가 원주민에게 포로로 잡혀간 사건은 뉴잉글랜드 사회의 주목을 받았고, 그녀의 경험을 담은 포로수기 또한 출간된 해에 네 번의 재판을 발행하고 수천부가 팔리면서 당대의 베스트셀러가 될 정도로 큰 관심을 받게 되었던 것이다.

1675년에서 1676년에 걸쳐 진행된 필립왕 전쟁은 미국사에 기록된 원주민과 청교도의 충돌 중 가장 격렬한 것 중의 하나였다. 당시 90개 정도였던 뉴잉글랜드 지역의 마을중 반 이상이 부족끼리 연대한 원주민들의 대공격으로 초토화되었고, 원주민 3000명 이상과 백인 이주민 600명 이상이 사망하며 뉴잉글랜드 전역을 공포로 몰아넣었던 이 전쟁의 참혹한 결과에 대하여 당대의 청교도인들은 그들의 세계관에 맞추어 종교적인 의미를 부여했다.

그 한편은 매더(Increase Mather) 목사처럼 이 전쟁을 하나님의 분노의 표시로 보는 시각이었다. 종교적 신념에 따라 대서양을 건너온 일세대가 죽고 그 자손들의 신앙이 약해지자 교회는 교회 회중을 확보하기 위해서 일세대처럼 회심의 경험에 대한 공개적 간증의 과정을 거치지 않아도 교회구성원이 될 수 있도록 허용하는 "중도협약"(Halfway Covenant)을 시행하지 않을 수 없게 된다. 이러한 조치는 청교도 공동체가 유지되기 위한 결속의 중심이 되는 신앙이 약화된 것을 교회 스스로가 인정한 사건으로서, 청교도 교부들은 이러한 상황에 대하여 상당한 우려를 표현하고 있었다. 따라서 재앙에서 날씨에 이르기까지 일상의 모든 일을 하나님의 섭리로 해석하는 청교도 세계관에 따르면 원주민과의 전쟁과 그 참혹하고 위협적인 결과가 신앙의 초심을 잃은 청교도 사회에 대한 하나님의 분노로 해석되는 것은 당연한 귀결인 것이다.

다른 한편은 허버드(William Hubbard) 목사처럼 하나님이 아닌 사탄이 일으킨 것이라고 보는 견해로서 이 또한 재앙에 대한 기독교의 전통적인 해석 중 하나였다. 이 두가지 견해에 따라 원주민들은 각기 하나님의 분노를 집행하는 하나님의 도구 혹은 사탄의 하수인으로서 해석되었고, 이 두가지 경우 모두 궁극적으로는 청교도 사회를 중심으로 전개되는 하나님의 섭리를 실행하는 도구로서 해석되었다. 필립왕 전쟁에 대한 청교도적 해석은 로랜슨의 포로수기에 나타난 원주민의 형상화에서도 반복되어 로랜슨은 원주민을 때로는 자신의 나태했던 신앙생활을 질책하는 하나님의 도구로 때로는 사탄의 하수인인 "지옥의 개"로 묘사한다.

로랜슨의 포로수기가 청교도적인 세계관을 대변하고 있다는 것은 성경 귀절로 가득 찬 본문 뿐 아니라 출판 시기, 출판 형태, 제목 등에서부터 명확하게 드러난다. 필립왕 전쟁 진행 중 원주민의 위협이 고조되자 남편 로랜슨 목사가 병력을 요청하러 간 사이 원주민의 습격을 받아 많은 사상자들 사이에서 딸과 아들과 함께 납치되어 간 로랜슨 부인이 11주간의 포로생활 후에 거액의 몸값을 내고 생환한 것이 1676년 5월이었다. 작품의 출간은 그로부터 6년 후였는데, 상당한 기간이 지난 후에 새삼 작품을 발표하는 것에 관하여는 여러 가지 해석이 가능하다. 우선적으로 로랜슨은 포로의 경험을 한 여성에게 제기되는 성적 경험에 대한 의심을 불식시킬 필요성을 복귀후의 생활에서 느꼈을 것이며, 더불어 혹독한 시련에도 불구하고 자신의 종교적인 신념이 흔들리지 않았음을 밝힘으로써 청교도사회로의 완전한 복귀를 꾀하였을 것이다.

또한 당대에 여성이 출판을 한다는 것이 적절치 못함에도 불구하고 로랜슨이 주위의 강한 권유가 있어 출판을 하였다는 추천사는 '친구'라고만 밝히고 있지만 매더(Increase Mather)가 쓴 것이 확실시 되는데, 매더는 그녀의 시련이 개인적인 차원의 것이 아니라 사회적 차원의 것으로 해석하고 그녀의 경험을 널리 알림으로써 당대 사회가 차차 신앙이 나태해지고 있는 것에 대하여 경종을 울리려고 한 것으로 보인다. 사회 내부의 결속력이 약해질 때 주류세력이 외부의 적을 만들어 결속력을 회복하려고 시도하는 것은 역사적으로 반복되는 전략이다. 즉, 원주민을 악마로 묘사 설정함으로써 원주민에게 포로로 잡힌 백인 여성의 고난과 생환의 이야기를 사탄의 세력에 결박당하여 있는 기독교가 궁극적으로 승리를 거두는 영혼의 구원의 이야기로 전환시키는 작업이 바로 포로수기에서 이루어지고 있는 것이다. "영국인들에 대한 야만인들의 이유없는 적의와, 이교도들의 악의적이고 복수심에 가득찬 마음"(7)을 강조함으로써 매더는 당대 청교도 사회의 종교적 타락을 경고하며 내부의 결속을 시도한다. 그래서 작품의 앞에는 매더(Increase Mather) 목사임이 확실시되는 '친구'에 의해 쓰인 추천사가, 작품의 뒤에는 남편 로랜슨 목사의 마지막 설교가 함께 수록되어 있어 당대 그녀가 속한 사회의 청교도 신앙의 중심적 인물들의 글이 액자처럼 로랜슨의 수기를 둘러싸며 틀을 잡아주고 있는 것이다.

게다가 영국에서는 『메리 로랜슨부인의 포로생활과 귀환에 관한 진실한 기록』(A True History of the Captivity and Restoration of Mrs. Mary Rowlandson)이라는 제목으로 출간되어 당대 유럽에서 유행하던 여행기의 인기에 편승하려는 의도가 엿보이고 있지만, 동시에 출간되면서도 미국에서는 『하나님의 주권과 선하심, 메리 로랜슨 부인의 포로생활과 귀환에 관한 이야기』(Sovereignty and Goodness of God, Being a Narrative of the Captivity and Restoration of Mrs. Mary Rowlandson)라는 제목으로 출간되어 청교도적 신앙이 이 글의 중심임을 제목에서부터 밝히고 있다.

로랜슨의 포로수기를 모양짓고 있는 청교도적인 의식은 그녀의 사건 해석과 원주민을 보는 관점에도 영향을 미친다. 로랜슨의 수기는 13개의 "remove"로 작품의 장을 구분하고 있다. 그녀가 포로로 잡혀있는 내란갠셋 부족이 백인들에게 쫓기는 처지라서 계속 캠프를 옮겨 다니고 있으며, 한번 이동을 할 때마다 장을 나누고 있는 것이다. "remove"라는 단어는 철수나 이동을 뜻하기도 하지만, 또한 백인들이 아메리카 대륙에 세우려고 노력해온 문화로부터 멀어지는 것을 뜻하기도 하고, 나아가 그 문화의 중심이 되는 하나님의 은총으로부터 벗어나 거친 황야로 쫓겨나는 것을 뜻하기도 한다. 그리고 그 황야에 거주하는 원주민들도 하나님의 은총으로부터 멀리 떨어져있는 존재로 파악된다.

그러나 청교도들에게 황야가 부정적인 의미로 존재한 것만은 아니었다. 기독교 문명이 미치지 않았던 아메리카 대륙은 야만스러운 이교도들이 우상을 숭배하며 살아가는 악의 땅이었지만, 또한 역설적으로 유럽의 부패한 종교와 정치제도를 등지고 떠나온 이들에게는 황야가 오히려 피난처이자 안식처였으며 구습을 타파한 새로운 기독교 문명을 세울 터전으로 인식되기도 하였다. 구약성서의 황야가 이집트 노예 생활로부터의 피난처이자 약속의 땅 가나안에 들어가기 전 이스라엘 사람들의 믿음을 단련하는 시험의 장소였던 것처럼, 청교도들에게 아메리카는 부패한 유럽 세계로부터 탈출하여 하나님이 정하신 "약속의 땅"을 세우기 위해 믿음의 훈련을 하는 곳이기도 하였다. 그러나 개척의 상황이 어려워지고 원주민과의 갈등이 심화될 때는 황야의 상징은 부정적인 의미가 더욱 강조되며, 황야에서의 어려움은 그리스도의 적대자와 싸우는 최후의 전쟁인 아마겟돈으로 인식되었으며, 그럴 경우 원주민은 하나님에 반하는 사탄의 세력으로 간주되었다.

로랜슨의 포로수기에서 드러나는 원주민에 대한 관점 또한 전반적으로 이러한 청교도적인 관점을 보여주고 있다. 로랜슨은 매더와 같은 시각으로 자신이 원주민에게 포로로 잡히는 가혹한 역경을 당하는 것은 자신의 나태해진 신앙 탓으로 간주하며, 자신이 속해있는 백인 사회에 닥친 어려움 또한 청교도 집단의 나태해진 신앙에 대한 하나님의 경고로 간주한다. 포로로 잡힌 후 안식일이 되자 그녀는 다음과 같이 자신의 신앙에 대한 성찰을 한다.

그 다음날은 안식일이었다. 그때 나는 내가 하나님의 거룩한 때를 얼마나 부주의하게 지냈는지를 기억했다. 얼마나 많은 안식일을 잊고 그릇되게 보냈는지, 하나님이 보시기에 내가 얼마나 악하게 살았는지를 말이다. 그것이 너무도 내 마음에 사무쳐서 하나님이 내 인생의 끈을 자르시고 그의 존전으로부터 영원히 나를 내치시는 것이 얼마나 공의로운 것인지를 깨닫는 것은 어렵지 않았다. 그래도 하나님은 여전히 나에게 자비를 보여주시고 나를 들어 올려주셨다, 그는 한 손으로는 나를 상처 입히셨지만, 다른 손으로는 나를 치유하여 주셨다.

The next day was the Sabbath: I then remembered how careless I had been of Gods holy time: how many Sabbaths I had lost and mispent, and how evilly I had walked in Gods sight; which lay so close upon my Spirit, that it was easie for me to see how righteous it was with God to cut off the threed of my life, and cast me out of his presence for ever. Yet the Lord still shewed mercy to me, and upheld me; and as he wounded me with one hand, so he healed me with the other. (16)

한편 로랜슨이 대표적으로 보여주는바 청교도들에게 원주민과의 갈등은 역사적, 사회적 맥락이 아닌 신앙적 차원에서의 영적인 전투로 인식이 되었으며, 그 전투의 구도에서 원주민은 혹은 악마의 세력으로, 그리고 혹은 하나님의 섭리를 이루게 하는 도구로 규정된다. 즉, 경제적, 물질적인 권리 침해를 유발한 백인들은 그것으로부터 일어나는 갈등을 영적인 갈등으로 해석하여 갈등의 상대를 악으로 규정하고 있는 것이다. 그래서 원주민은 "흉악한 살인자같은 놈들"(Murtherous Wretches) (12), "피에 굶주린 이교도"(the bloody Heathen)(13), "무자비한 이교도" (merciless Heathen)(13), "게걸스러운 곰들"(ravenous Bears)(13) 등으로 묘사되며, 이들의 손에 희생되어 누워있는 백인들은 "늑대들에게 찢긴 양떼"(a company of Sheep torn by Wolves)(14)로 묘사된다.

간혹 원주민의 친절한 행위를 언급하기는 하지만, 그것은 원주민의 친절한 심성 때문이 아니라 하나님의 섭리의 이끌림 때문이다. 한 원주민으로부터 성경책을 얻게 되는 상황에 대한 로랜슨의 묘사를 살펴보자.

나는 그 고난 중에서도 성경을 보내주시는 나를 향한 하나님의 놀라운 자비를 알아채지 않을 수 없었다. 메드필드 전투에서 돌아오며 약탈품을 가지고 온 원주민들 중의 하나가 나에게 오더니 묻기를, 성경을 가지고 싶다면 자기 바구니에 하나가 있다고 하였다. 나는 기뻐서 원주민들이 내가 성경을 읽도록 놓아둘 것 같으냐고 물었더니 그는 그럴꺼라고 대답했다. 그래서 나는 그 성경을 받았다.

I cannot but take notice of the wonderful mercy of God to me in those afflictions, in sending me a Bible: one of the Indians that came from medfield fight and had brought some plunder; came to me, and asked me, if I would have a Bible, he had got one in his Basket, I was glad of it, and asked him, whether he thought the Indians would let me read? he answered yes: so I took the bible. (19)

여기서 로랜슨은 그녀의 문화와 신앙을 배려하여 성경을 주는 원주민의 친절함에 대한 언급은 배제한다. 이와 유사한 상황이 로랜슨의 수기에서 몇 번 반복되는데, 예를 들어 강을 건널 때 많은 원주민들이 차가운 강물에 무릎까지 젖는 상황에서 그녀를 뗏목위에 깔린 잡목위에 앉아 발이 젖지 않게 배려하는 상황 또한 원주민의 친절함은 언급되지 않고 하나님의 섭리만이 찬양되며, 추운 날씨에 원주민이 자신의 위그웜(wigwam)에서 재워주어도 "하나님의 선하신 섭리"(29)만이 언급된다. 이처럼 로랜슨은 철저히 청교도적인 세계관으로 고난은 하나님의 경고와 훈련으로, 그 고난중의 위로는 하나님의 섭리로서 해석하면서 원주민은 그 섭리의 도구로 인식하는 양태를 보인다.

이러한 로랜슨의 청교도적인 시각에서 흥미로운 것은 기독교로 개종하고 문화 동화된 원주민, 즉 흔히 "기도하는 원주민"(praying Indian)이라고 불리는 개종 원주민에 대한 경멸이다. 글의 한 부분에서 개종 원주민들의 사악함을 나열한 곳이 있는데, 그중에는 "온갖 망나니짓을 한 후에 아버지를 영국인들에게 넘기고 자신의 생명을 구한"(38) 사람이나 "기독교도들의 손가락을 꿰어 목걸이를 만들어 건 사악하고 잔혹한"(38) 개종 원주민도 언급된다. 이처럼 개종 원주민에 대한 극심한 반감을 드러내는 것은 이들이 백인과 원주민 사회를 잇는 통로 역할을 하며, 백인들이 원주민들과 전투를 하고 세력을 넓히는데 큰 도움을 주었음을 고려해 볼 때는 이외의 현상이다.

자신들의 신앙을 받아들인 이들을 교활하다고 하며 오히려 비우호적으로 경멸하는 것은 미국 사회가 앞으로 보일 혼혈에 대한 반감의 초기 모습이라고 해석해 볼 수도 있을 것이다. 자신의 문화적 경계 안에서 생활하는 순혈 원주민보다 백인 사회와 동화되는 혼혈 원주민, 문화 동화된 원주민을 경멸하는 시각은 로랜슨이나 청교도들만 보이는 시각은 아니며, 이후 쿠퍼(James F. Cooper)라든지 트웨인(Mark Twain) 등 주요 작가의 작품들에서도 발견되는 특징이다. 원주민들이 순혈로서 자신들의 문화 고유성을 지키면서 살아갈 수 있는 환경을 침해하고는 문화적인 동화를 꾀하는 원주민을 경멸하는 논리적이고 윤리적인 오류는 순혈의 원주민을 이상화하면서 원주민들이 백인 사회와 융화되어 생존권을 확보하려는 시도 자체를 차단하고 고립시키려는 의도가 깔려있다고 할 수 있을 것이다.

페어리(Rebecca Faery)는 메리 로랜슨이 대표하는 바 '원주민에게 포로로 잡힌 백인 여성의 이미지'가 포카혼타스가 대표하는 '백인 남성을 도와주는 원주민 처녀'의 이미지와 함께 미국인들의 상상력을 사로잡았으며, 이 두 여성의 이미지가 미국 역사를 통해 백인중심의 미국의 정체성을 확립하는데 중심적 기능을 담당했다고 지적한다. 즉, 이방인에게 포로로 잡혀 구원이 필요한 백인 여성, 그리고 정복자로서의 백인을 환영하고 도와주며 사랑에 빠지는 이방인 여성의 이미지는 인종과 성의 통합적 이데올로기를 만들어내면서 백인 남성 중심의 국가의 정체성에 영향을 주었다는 것이다. 이러한 두 가지 이야기는 미국문화사의 "토대가 되는 허구들"(foundational fictions)로 기능하였으며(Schaffer 114, Faery 9에서 재인용), 전통적으로 여성을 소유하는 것을 영토를 소유하는 것과 연결시키는 남성중심적인 상징체계가 백인 여성을 이방남성으로부터 보호하고 이방인 여성을 전유하는 신화를 통하여 미국의 건국이데올로기가 표출되고 있다고 할 수 있다.

미국의 정체성에 대한 "토대가 되는 허구"에서 백인 여성들은 원주민을 증오하고 두려워하는 것으로 그려진다. 그러므로 모든 포로가 된 여성은 구조되어야 하며 원주민들은 처벌을 받아야한다. 남성들은 원주민을 싫어하지 않고 그들과 긍정적인 관계를 맺을 수 있으나, 여성들이 원주민을 싫어하고 두려워하기 때문에 여성을 보호하기 위하여 어쩔 수 없이 원주민과 적대적인 관계에 설 수밖에 없다는 것이다. "진정한 여성성"이라는 개념은 "거칠고 강탈하는 원주민"과 그에 의해 괴

롭힘을 당하는 "희생자로서의 백인 여성"이라는 이미지를 강요하고 있는 것이다(Myres 37).

메리 로랜슨의 포로수기에서 유색인인 원주민으로부터 로랜슨을 구해내는 것은 백인 남성이 아니라 하나님의 자비이다. 그러나 여기서 시작되는 이방인에게 사로잡힌 백인 여성의 이미지는 서부 영화를 비롯한 수많은 영화와 문학에서 다시 되풀이되는 모티프로 자리 잡으며, 그 구원자는 백인 남성으로 대치된다. 이 이야기에서 외부의 침입에 인질이나 포로로 잡히는 것은 대개의 경우 백인 여성이며, 이것은 백인의 가정, 그리고 보다 크게는 문명에 대한 위협으로 받아들여진다. 영웅적인 백인 남성은 용기와 뛰어난 기술력으로 외부 세력을 진압하고 백인 여성을 구해내어 질서를 회복한다. 이 경우 유색인, 이방인, 혹은 심지어 외계인까지도 포함되는 외부 세력이란 결국 백인 남성이 그들 사회의 수호자임을 증거하는 수단이 된다. 이렇게 원주민 포로수기의 중심이 되는 "이교도들이 사는 황야에 잡혀있는 기독교 백인여성"이라는 이미지는 원주민 사회의 포로가 된 백인 여성이 자신의 사회의 요구에 맞추어 재생산해내는 원주민의 부정적인 이미지와 함께 아메리카 대륙의 침탈에 대한 정당화라는 국가적 신화를 만들어내고 있는 것이다.

제 5 장

╼┼╾┼╾┼╾┼╾┼╾┼╾┼╾┼╾┼╾┼╾┼╾┼╾┼╾┼╾┼╾┼╾

차일드Lydia Child의 『호보목』

Ⅰ

리디아 마리아 차일드(Lydia Maria Child)의 첫 작품 『호보목』
(Hobomok)은 17세기 정착 초기를 배경으로 한 역사소설로서, '사라지
는 원주민'인 호보목의 이야기를 통해서 국민문학의 정립을 모색하기
위한 실험을 수행하며 원주민 문제에 대한 다층적 의식을 드러내는 흥
미로운 작품이다. 차일드는 이 첫 작품을 22살의 나이에 썼고, 그 이후
자선사업과 개혁에 몰두하면서 "아프리카인이라고 불리우는 미국인 계
급을 옹호하는 호소문"(1833) 등을 출간하며 노예폐지 운동의 선봉에
섰다. "공화국 최초의 여성"(The First Woman in the Republic)이라고 불
리면서 19세기의 문단과 문화와 정치 등 사회의 전반적 영역에서 강력
한 영향을 끼쳤던 차일드는 "영국 귀족이건, 남부 농장주이건, 혹은 보

스턴 양반이건 간에 귀족주의는 한결같이 내가 혐오하는 것이다"
(Karcher xiv)라는 그녀의 신념대로 19세기 미국 사회의 전반에 걸쳐서
노예제 폐지와 원주민, 여성의 권리 옹호를 위한 운동가로 일하였다.
또한 그녀는 "진리를 위한 예술"(Art for Truth's Sake)을 기치로 그녀의
신념을 문학을 통해서 형상화시키려 했고, 또 그러한 신념에 따라 운동
하고 살았던 인물이었다.

　　차일드의 사회운동은 미국 사회가 청교도적 세계관의 독선으로부
터 탈피하도록 촉구하려는 시도이기도 했다. 그녀가 보는 청교도적 세
계관의 독선은 선민의식에서 비롯된다. 즉, 하나님이 이스라엘 백성들
에게 가나안이라는 다른 민족의 땅을 허락한 것처럼 자신들에게도 아
메리카 대륙을 허락했다고 믿었던 청교도들은 원주민들을 이교도로 규
정하며 자신들도 이스라엘 사람들처럼 이교도들을 죽이고 몰아내도록
승인을 받은 것이라고 믿었다는 것이다(Child 1828 30). 차일드는 이들
이 생각하는 것처럼 기독교가 성자들의 군대가 사탄의 군대를 대적하
는 투쟁의 종교가 아닌 평화와 자비와 형제애의 종교임을 역설하며 모
든 민족들이 조화롭게 사는 세상을 만들기 위해 헌신하였다. "세계의
인종들이 육체적으로뿐만 아니라 영적으로 다르다는 것에는 물론 의심
의 여지가 없다. 그러나 그것은 같은 숲속의 나무들끼리의 차이이지 나
무와 광물과의 차이가 아니다. 우리의 것들이 그들의 것과 섞이도록 하
자. 그러면 그 결과는 열등해지지 않는 다양성임을 알게 될 것이다. 그
들은 다른 음색의 피리들이 될 것이며, 그래서 더욱 멋진 화음을 만들
어 낼 것이다"(Child 1828 30)라는 그녀의 인종관은 당시의 인식으로서
는 전향적인 것이라고 평가할 수 있다.

인간의 상상력과 자연스러운 감정을 억누르고 편협한 도그마를 주장하며 그에 맞지 않는 모든 것들을 사탄의 세력으로 규정하였던 미국 건국 당시의 청교도 가부장제에 대한 차일드의 비판은 자연스럽게 여성과 원주민, 그리고 흑인에 대한 공감으로 이어진다. "우리는 정말 죄를 지은 국가이다. 원주민들에게 죄를 지었으며, 흑인들에게 죄를 지었고, 우리의 힘 안에 있는 모든 약한 것들에게 죄를 지었다"(Child 1982 327)고 한 것처럼 억압받는 약자들에 대한 공감은 곧 원주민과 흑인들과 여성들을 연대로 이어지고 있는 것이다. 이러한 현상은 차일드 당대에 많은 미국 여성들이 노예제 폐지운동에 참여하게 된 것을 설명해준다. 즉, 당대에 백인 남성이 누렸던 민주주의적인 특권에서 소외된 중산층, 상류층 백인 여성들은 정치적, 문화적, 경제적인 차원에서 자신들이 처한 여건이 소수 민족들과 유사한 처지에 있다는 인식을 가지게 되면서 인종 전쟁과 인종 학살과 백인 남성 지배에 대한 다른 대안을 제시하고자 했던 것이다.

『호보목』이 쓰여진 1820년대는 한동안 답보상태에 있던 원주민 강제이주가 다시 시작되어 갈등이 심화되던, 이와 더불어 문학시장에서는 원주민 주제가 전례없이 유행되던 시기였다. 그러한 역사적 배경속에서 쓰여진 작품들은 대부분이 포로수기이거나 전쟁소설로서 무지하고 개화와 개선의 가능성이 없는 부정적인 원주민의 이미지로 그려진 것이었다(Karcher 1994 153). 반면 『호보목』의 원주민 묘사에는 당대의 지배적인 편견이 반영되어 있으면서도 또한 전복적인 잠재성이 내포되고 있는 흥미로운 현상들이 드러나고 있다. 이러한 『호보목』의 분석을 통하여 우리는 시대의 지배적인 이데올로기와 그것에 대한 작가의 평가가 문학 작품속의 원주민 이미지에는 어떻게 반영되고 있는지에 대하여 살펴볼 수 있을 것이다.

II

1824년 발표된 『호보목』은 '한 미국인이 쓴 초기 시대의 이야기' (A Tale of Early Times : By an American)라는 부제에서 드러나듯이 미국인의 정체성을 가진 작가에 의해서 미국의 초기 역사를 배경으로 쓰여진 작품이다. 여기서 묘사되고 있는 미국의 모습은 로랜슨(Mary Rowlandson)의 포로수기의 배경이 되는 개척 초기시대의 풍경이다. 황량하고 척박한 땅에 세워진 "볼품없이 허름한 오두막집 여섯 채"로 이루어진 개척마을은 곧 원주민에게 무방비 상태로 공격당한 로랜슨의 마을을 연상케 하며, 여주인공 메리(Mary Conant)가 두려워하는 내라갠셋(Naraganset) 원주민은 바로 로랜슨의 마을을 공격하고 그녀를 포로로 잡아갔던 원주민 부족인 것이다. 메리는 다음과 같이 자신들의 척박하고 위험한 삶의 조건을 한탄한다.

> 생각없이 사악한 모튼이 화약과 총으로 무장시킨 원주민을 최근에 몇 명이나 마주쳤는지 생각한다면, 우리가 그것 때문에 어떤 댓가를 치루어야 한다 하더라도 삼백 명 이상의 방위군을 가지고 있는 것이 다행이라고 생각될거야. 정말이야 샐리, 나는 이 황무지의 생활이 지겨워. 마음에 사무치게 영국이 그립다구. 어머니만 아니었다면 나는 오늘이라도 넘킥을 기꺼이 떠났을거야.

"I am sure," replied Mary, "when you remember how many Indians we have lately met, whom Morton's unthinking wickedness has armed with powder and firelocks, you will be glad that we have three hundred more defenders around us, whatever price we may pay therefor. Indeed Sally, I'm weary of this wilderness life. My heart yearns for England, and had it not been for my good mother, I would gladly have left Naumkeak to-day." (19)

이 구절을 통하여 메리는 17세기 개척기 시대의 상황에 대한 저자의 역사적 지식을 드러내주고 있다. 모튼(Thomas Morton)은 플리머스 식민지와 경쟁관계에 있던 성공적인 식민지 메리마운트(Merrymount)의 지도자로서 원주민들을 여러 가지 많은 미덕을 가진 존중할만한 집단으로 평가하며 그들과 우호적인 관계를 유지한 인물이다. 백인 남성과 원주민 여성의 혼혈결혼에 우호적이었던 모튼은 원주민의 모피와 백인의 무기를 교환하여, 이에 불안을 느낀 백인들의 비난을 받았었다. 여기서 메리 또한 모튼을 비난함으로써 원주민과 원주민에 우호적인 백인들에 대한 자신의 반감을 드러낸다. 메리 로랜슨에게 원주민이란 가족을 죽이고 그녀를 포로로 잡아가며 삶의 기반을 흔들어놓았던 위협적인 존재이었던 것처럼, 메리 코넌트에게도 원주민은 언제라도 그녀의 생명과 안위를 위협할 수 있는 존재로 인식되고 있는 것이다.

그러나 메리 로랜슨도 원주민에게 포로로 잡혀 지낸 11주 동안 그들이 고유의 문화와 애정과 친절함을 갖춘 존재들임을 발견하게 되었고 그러한 깨달음을 언뜻언뜻 간접적으로나마 그녀의 수기에서 시사하지 않을 수 없었듯이, 메리 코넌트 또한 삶의 의지를 결여한 상태에서 포로로 잡혀가는 것처럼 원주민 호보목과 결혼하지만 그 결혼생활에서 호보목의 인격과 성실함과 헌신과 애정을 경험하게 된다. 그런데 호보목은 작품의 제목으로 등장할 만큼 중심적인 역할을 하지만, 플롯에서의 중요성에 비하여 심리묘사는 단순한 차원에 그치고 있다. 그리고 작품의 중심 인물은 호보목이 아니라 메리 코넌트(Mary Conant)로서 작품의 플롯은 그녀를 둘러싼 가부장적 억압에 대한 메리의 반응과 선택을 중심으로 진행된다.

원주민이 문학 작품에서 백인 인물이나 성격의 어떤 특징을 드러내도록 하기 위한 포일(Foil)로서 사용되었으며, 결국 그 자신 자체로서 인정받지 못하고 부정적 모델이나 긍정적 모델로서 위치했다고 지적된 바 있는데(Carr iv), 호보목 역시도 행위와 사건의 주체적 작동자이기보다는 억눌린 삶에서 메리가 가진 욕구의 객관적 상관물(objective correlative)이며, 적절한 순간에 나타났다가 적절한 순간에 사라져주는 신의 도구(machine de deux)로서 존재한다. 즉, 백인 여성 메리는 사랑 때문에 호보목과 결혼한 것이 아니라, 엄격한 청교도 아버지가 종교적인 이유로 결혼을 반대하던 국교도 연인 찰스(Charles Brown)가 여행중 난파당해 죽었다는 소식을 듣고 절망과 반발과 판단력 상실의 상태에서 호보목에게 이끌려 결혼한 것으로 묘사되고 있는 것이다. 이와 관련하여 카쳐(Caroline Karcher)는 자연스러운 감정을 억누르고 금욕적이고 편협된 교리에 얽매어 자신을 억압하고 있는 가부장적인 아버지의 세계에 반하는 세계로서 영국의 풍요로운 예술과 문화적 세계를 대표하는 성공회교도 브라운과 자연적이고 감성적인 세계를 상징하는 호보목이 제시되고 있으며, 이렇게 아버지 세계의 대안이란 측면에서 호보목과 브라운은 더블(Double)로서 기능하고 있다고 지적하고 있기도 하다 (1992 xxx).

호보목이 "그렇지만 원주민도 사랑할 수 있답니다"(86)라고 항변하며 스스로의 내면의 성숙성과 인간적인 면모를 인정받고자 하는 것으로 형상화되고 있는 것은 원주민에 대한 묘사에 있어서 작가 차일드의 성취이기도 하지만, 정작 작품의 전반에 걸쳐 호보목은 "비유적"(114)이지만 서투른 영어로 내면을 드러내기 때문에 단순하며 미성숙한 인물로 형상화되고 있다. 이러한 호보목 묘사에서는 20세기 이후 이민자 문학이나 소수인종 문학에서도 등장하는 중심적인 문제, 즉 영어로부터의 소외가 인간으로서 존엄성을 인정받지 못하는 것으로 이어지는 현상을 엿볼 수 있다.

다음과 같은 호보목의 묘사는 원주민의 상투적 이미지 중 한 극단인 '고귀한 야만인'의 유형을 그대로 보여준다.

이 원주민은 정말 자연의 가장 고귀한 틀에 맞추어 만들어졌다. 그는 그의 부족들에서 찾아볼 수 있는 유연하고 건강한 기품을 갖춘 균형의 가장 멋진 표본이었다. 플리머스의 백인 주민들과 오랜 기간을 같이 지낸터라 타고난 흉포한 태도는 도도하고 위엄있는 신중함으로 변했다. 그나마 감정을 담은 그의 검은 눈이 코넌트의 딸에 머물 때는 그 태도마저도 부드러워졌다.

This Indian was indeed cast in nature's noblest mould. He was one of the finest specimens of elastic, vigorous elegance of proportion, to be found among his tribe. His long residence with the white inhabitants of Plymouth had changed his natural fierceness of manner into haughty, dignified reserve; and even that seemed softened as his dark, expressive eye rested on Conant's daughter. (36)

특히 위의 구절중 타고난 사나운 태도가 플리머스의 백인들하고 오래 함께 살면서 도도하고 위엄있는 자세로 변화하였다는 표현은 원주민의 문명화(civilization)의 순기능에 대한 믿음이 드러나는 부분으로서, 그러한 변화의 뒤에 있는 호보목 내면의 갈등들, 즉 백인에게 우호적인 원주민으로 살면서 부족 동료들에게 받는 멸시나 백인들로부터 받는 차별적 대우에 상처받은 자존심과 같은 측면들은 고려되지 않고 있다.

나아가 호보목은 미원주민의 이미지가 최대한으로 제거된 채로 재현된다. 그는 부족의 추장이라고 소개되고 있지만 그가 추장으로서 어떠한 역할을 하는 모습은 보이지 않으며 백인들과 함께 기거하며 백인들을 돕고 산다. 즉, 차일드는 호보목을 탈원주민화시킴으로써 가능한 한 백인처럼 재현하고 있는 것이다. 샐리는 "나는 늘 그가 내가 아는 가장 훌륭한 원주민이라고 생각했었어. 게다가 지난 삼년 동안 그는 너무 많이 변해서 이제는 거의 영국 사람처럼 보인다니까. 결국, 이 결혼은 미리 점지된 것이야"(137)라는 말을 통해서 메리의 남편으로서 적합한 자질은 최상의 원주민이 아니라 "거의 영국인처럼 보일만한" 동화의 모습임을 강조하고 있다(Maddox 153). 호보목의 동화의 양상은 메리와의 결혼생활을 통해서 강화되면서 메리가 원주민화되는 것이 아니라 호보목이 유럽화되는 것으로 그려진다. 또한 호보목에 대한 메리의 사랑도 동등한 인간간의 관계이기보다는 메리가 호보목의 어머니를 고

쳐준 것에 대한 경이로 시작한 것이며, "신성모독" 등과 같은 단어로 묘사되는 불평등한 관계로 보인다. 그리고 호보목이 메리에게 품는 감정은 사랑보다는 신성한 존재에 대한 "다정다감한 공경"(tender reverence) (135)과도 같은 것이라고 강조되고 있다.

그녀가 호보목과의 결혼을 결심하는 장면은 바로 이러한 메리와 호보목의 관계의 한계가 여실히 드러나는 부분이다. 찰스가 떠난 후 어머니도 돌아가시고 외로움에 잠겨서 살아가던 메리는 찰스가 탔던 서인도제도행 배가 파선하고 찰스가 죽었다는 소식을 듣고는 절망에 빠져 어머니의 무덤 위에서 정신을 잃고 앉아 있다. 이 때 나타난 호보목은 그녀에 대한 자신의 사랑이 "위대한 정령"에 대한 사랑과 같은 것임을 고백하고, 한 시간 후에 그녀를 플리머스로 데려가 달라는 메리의 "명령"에 "복종"(121)하는 것으로 그들의 결혼은 결정된다. 그러나 이러한 메리의 능동적인 "명령"보다 강조되는 것은 메리의 비이성적인 상태이다. "절망으로 인한 혼돈으로 거의 광기에 이른 상태," "정신의 병적인 상태"(120) 등 저자는 그녀가 슬픔으로 이성을 잃은 상태이며 후에 메리 자신이 언급하듯이 "호보목 측의 마술의 효과"로 인하여 메리의 결혼 결심이 이루어지고 있음을 지속적으로 강조한다. 메리와 호보목의 혼혈결혼과 리틀 호보목이라는 혼혈아의 탄생은 "부자연스러울뿐만 아니라" "남성이나 여성의 모든 감정에 불쾌감을 주는 것"이라는 당대의 반응(Mills 12)을 예견했었을 차일드는 이 결혼 결정의 순간을 묘사하는데 있어서 세심한 주의를 기울이고 있는 것이다.

브라운(Harry Brown)은 이 부분에서 호보목이 메리를 지하세계로 데려가는 검은 정령으로 묘사되고 있다고 지적하며, 나아가 "기쁜 표정을 짓고 있는" "검은 추장"이라든지, "말없이" "비참한" 그의 "포로"라는 묘사는 원주민 포로수기 장르를 연상시키며, 메리가 호보목의 보트를 타고 원주민 마을로 가는 장면은 원주민 포로수기 장르와 고딕적인 지하세계로의 하강을 결합하고 있다고 언급하고 있다(120-123).

호보목과 메리의 이러한 관계를 고려해보면 후에 찰스 브라운이 다시 나타났을 때 호보목과 메리의 결혼이 무효화되는 것은 어쩌면 당연한 일이다. 비록 메리가 호보목에 대한 변함없는 신의를 가지고 있기는 하지만, 상호 동등한 입장에서 정신적인 깊은 교류를 나누었던 찰스와의 관계와 비교하였을 때 메리와 호보목의 관계는 훨씬 더 피상적인 관계에 머물고 있었기 때문이다. 호보목과 결혼하여 살기 위해 떠나며 황급히 챙겨가는 그녀의 물건들 속에는 찰스의 인형이 포함되어 있으며, 결혼생활 중에도 메리는 "떠난 연인과 호보목을 비교하며 비참함을 느끼기도 하고"(135), 호보목과 결혼한 자신이 사회적 계급이 낮아졌다고 느끼기도 하면서 친구 샐리의 방문을 거부하기도 한다. "견딜만하다고 하는 것보다는 좀더 나은 삶"(life something more than endurable)(136)이었던 메리와 호보목의 결혼생활을 고려한다면, 찰스가 생환했을 경우 호보목이 설 자리가 없는 것은 당연한 일일 것이다.

작품에서는 메리에게 남편 호보목과 옛 연인 찰스 사이에서 어려운 결정을 내리는 부담을 가질 필요가 없도록 배려된다. 찰스 또한 이미 가정을 이룬 메리와 어떻게 관계를 이어가야 하는지를 고민하지 않아도 된다. "메리를 위해서 백인들의 증오와, 나의 부족들의 경멸과 나의 적들의 모욕을 참았다. 이제 나는 낯선 사람들 사이에 묻힐 것이고, 누구도 이 무명의 추장 때문에 두려움에 떨지 않을 것이다"(140)이라고 말하며, 자신의 가족에 대한 당당한 권리를 포기하고 황망히 황야로 떠나는 호보목의 마지막 모습은 바로 자신의 영토를 백인들에게 내주고 낯선 곳으로 쫓겨가야했던 미원주민들의 운명의 환유이다. 즉, 쿠퍼의 경우와 마찬가지로 차일드에게 있어서도 미국이라는 사회의 미래에 미원주민의 자리는 없는 것이다. 이렇게 호보목이 스스로 사라져줌으로써 메리와 찰스는 그의 영웅적 자질을 칭송하면서도 그에 대하여 죄의식을 가질 필요는 없게 되는데, 이처럼 백인이 필요할 때 나타나 함께 유대를 나누다가 다시 백인이 필요할 때 고요히 사라져주는 "고귀한 야만인"이자 "사라져가는 원주민"으로서 호보목의 모습은 바로 앵글로색슨 중심의 국가를 구성하는 필수적 전제인 원주민의 희생을 낭만화하여 보여주고 있다.

이처럼 원주민의 사라짐을 아쉬워하는 것은 차일드가 살았던 19세기 낭만주의 기류의 공통적 어조이기도 하며, 이러한 사라짐의 원인을 백인의 탐욕에 돌리지 않고 신의 의지나 자연적 열등성 혹은 명백한 운명 때문으로 돌리는 것 또한 당대의 원주민 문제에 대한 인식이기도 했다. 차일드가 호보목의 마지막 모습을 "사라져가는 원주민"으로 설정하고 그에 대한 비판없이 그 사라짐을 낭만화하고 있다는 점에서는 당대 원주민 문제에 대한 인식의 상투성을 그대로 보여주고 있다고 할 수 있다.

그러나 호보목의 인물 형상화와 그에 대한 메리의 태도 그리고 마지막 부분의 "사라지는 원주민" 유형의 반복에서 나타나는 의식의 상투성에도 불구하고 차일드의 전복적 전망 또한 간과될 수 없다. 차일드의 전복성은 크게 두 가지로 생각해 볼 수 있다. 먼저 차일드는 혼혈결혼을 통해 인종간의 화해 가능성을 제시한다. 호보목과 메리 그리고 리틀 호보목이 꾸미는 혼혈 가정은 그 당시 혼혈결혼의 일반적인 구성이었던 백인 남성과 원주민 여성 사이의 불평등하고 깨지기 쉬운 결혼보다 훨씬 공고한 기반을 가지고 있다고 할 수 있다. 더욱이 찰스가 나타나기 전 메리의 혼혈 가정과 샐리의 청교도 가정이 함께 교제하는 장면은 일종의 유토피아적 비전과도 같이 인종간의 갈등 문제에 해결의 청사진을 제시해주고 있다.

혼혈결혼에 관하여 『호보목』이 견지하고 있는 전복성은 당대의 다른 작품들이 혼혈결혼을 어떻게 다루고 있는가를 비교해볼 때 보다 잘 드러난다. 『호보목』 발표 2년 후에 나온 쿠퍼의 『모히컨 족의 최후』(The Last of the Mohicans)에서 백인 여성 코라(Cora)와 원주민 남성 언카스(Uncas) 간의 사랑은 호보목과 메리의 관계에서는 결여된 상호간의 애정이 낭만적으로 그려지지만 결국은 코라가 백인이 아닌 혼혈임이 드러나고 이들 둘의 죽음으로 결말을 맺는다. 또한 이어서 발표된 세즈윅(Sedgewick)의 『호프 레슬리』(Hope Leslie)의 경우에도 백인 여성 페이스(Faith)와 원주민 남성 오네코(Oneco)의 결혼 생활이 서술되지만, 이들은 백인 사회로 편입되지 않고 원주민 사회에서 생활하며 결혼의 미래적 전망이라고 할 수 있는 자녀를 두지 못하는 것으로 되어있다.

반면 호보목과 결혼한 메리는 호보목과의 사이에 아들 리틀 호보목을 낳을 뿐만 아니라 호보목이 떠난 후 리틀 호보목과 함께 다시 청교도 백인 사회로 편입되어 수용되고 화합을 이룬다. 특히 리틀 호보목은 찰스 호보목 코넌트라는 그의 이름이 상징하는 것처럼 세 주인공의 화합을 상징하는 인물로서, 아이를 갖지 못한 찰스와 메리의 후계자가 되어 대학 교육을 받아 영국인이 된다. 즉 리틀 호보목은 단지 백인 사회가 아닌, 백인 사회의 엘리트 집단에 편입될 것이라는 암시가 엿보이는 것이다. 메리처럼 가부장적 권위에 반항하여 타인종과 결혼한 백인 여성의 운명을 죽음으로 결말지어 가부장적 권위를 재확인하지 않고, 모험 후에 사회로 복귀하는 행복한 결말을 맺음으로서 여성의 자주성을 인정해주는 진보성은 차일드의 여성주의적 전망의 표현이라고 할 수 있다.

그러나 찰스 호보목 코넌트가 편입된 백인 사회가 그를 원주민 혼혈로서 받아들이고 있지는 않음을 차일드는 마지막에 명확하게 밝힌다. "그의 아버지 호보목은 거의 이야기되지 않고, 점차로 그의 원주민 명칭은 조용히 생략되었다"(150)라는 구절에서 나타나듯이 리틀 호보목은 결국 백인 사회에서 찰스 호보목 코넌트조차 되지 못하고 찰스 코넌트로서 편입되는 것이다. 마치 호보목이 메리와의 결혼생활을 통하여 "그 기간동안 너무 변해서 이제는 영국인처럼 보인다"(136)고 인정받듯이, 원주민은 원주민으로서의 정체성을 버리고 백인으로 동화되어야만 그나마 백인 사회에서 받아들여질 수 있다는 것이 바로 호보목의 결혼 생활과 리틀 호보목의 성장 과정에서 드러나고 있다. 따라서 일시적으로만 지속되었던 호보목과 메리의 혼혈결혼은 상호적으로 풍요로워지는 문화 융합이 아니라, 원주민으로서의 정체성과 존재가 지워지는 일방적인 문화 말살의 양상을 보이고 있다고 할 수 있겠다.

III

이 작품에서 메리가 반발하는 억압의 주체는 아버지 코넌트가 대표하는바 편협하고 배타적인 청교도 사회이다. 코넌트는 그의 딸 메리를 사랑하는 찰스가 "비순응주의자와 교회멤버로서가 아니라 같은 기독교인으로서"(76) 화해할 것을 청해도 그를 받아들이지 않고 "자신의 자연스러운 감정을 억누르며 사는데 익숙해져 있는" 인물이다. 그에게 있어서 감정과 자연의 영역에 속하는 여성은 남자를 죄악에 빠뜨리는 만악의 근원(25)이며 원주민은 멸절시켜야 할 적그리스도(43)일 뿐이다. 그러나 작품속에서 실지로 여성은 자연과 친화성을 가지기에 청교도 가부장제의 엄격한 규율에 의해 억압받아온 인간의 근원적인 본성을 드러내는 것으로 그려지며, 그렇기 때문에 규율과 교조의 가혹함에서 벗어나 신의 근원적인 진실을 알 수 있고 갈등과 충돌을 매개하는 화해의 움직임의 추동자로서 그려진다.

이 작품의 주요 여성 인물인 메리와 샐리, 그리고 코넌트 부인은 공통적으로 이러한 매개와 화해의 기능을 하고 있다. 먼저 코넌트 부인은 아버지와 메리를 화해시키기 위해 늘 애써왔으며 그녀의 마지막 유언을 통해 찰스에 대한 코넌트의 분노를 누그러뜨리는 기능을 한다. 한편 메리는 그녀의 첫번째 결혼을 통해 백인 사회와 원주민을 매개시키며 두번째 결혼을 통해 청교도 아버지와 성공회교도 찰스를 화해시킨다. 또한 인습으로부터 자유로운 샐리는 메리와 호보목의 결혼에도 상관하지 않고 메리와 적극적인 교류를 지속하는데, 특히 샐리의 아이와 메리의 리틀 호보목이 함께 교류를 하는 장면은 인종간의 화합의 가능성, 미래사회의 모습을 보여준다(136).

『호보목』의 여성들은 공통적으로 소소한 교리논쟁이 소모적인 것임을 인식하고 있다. "샐리는 무관심한 명랑함으로 그들의 논쟁을 지켜보았고, 메리는 점점 더 지겨워하면서 그들의 난폭한 말싸움을 들었고, 그리고 그녀의 고결한 어머니는 이승의 경계에 다가가며 그 고요한 천상의 영향력을 받게 되면서, 인간의 교리들의 원칙도 없이 계속 변화하는 불빛을 연민을 가지고 내려다보았다"(58)는 구절은 남성들 위주로 진행되는 교리 논쟁이 소모적인 것이라는 비판과 함께 그들의 논쟁이 진리의 본질과는 동떨어진 인간적인 것임을 시사하고 있다.

이러한 교리에 관한 "난폭한 말싸움"에 대하여 본능적인 비판 의식을 보이는 여성들은 감정과 자연의 영역에 보다 가깝게 그려진다. 샐리의 결혼 과정에서 그녀가 남성구혼자들에게 보이는 '자유스러움'과 '자연스러움'은 가장 자연스러운 감정의 발로여야 할 구애조차도 억압적이고 교조적으로 표현하는 남성들에 대한 희화화와 대비되어 옹호되고 있다. 또한 여성들은 특히 자연을 통해 인간의 신조들과 교리들을 초월하여 그 너머에 있는 신의 존재를 감지하는 것으로 암시되고 있다.

차일드는 자연과 정열, 그리고 신약 성서와 그리스도를 연결시키며, 이에 반하는 이성, 권위를 구약성서와 유대인으로 연결시키고 있는데(Herzog 76), 특히 그중에서도 메리와 연계를 가지는 자연은 여성에게 "타고난 상상력의 열정"(35)을 불러일으키며 하나님의 계시를 직접 보여주는 "하나님의 도서관이자 그분이 쓰신 최초의 성서"(76)로서 "그의 장엄함과 권능을 보여주는" 계시이고(91), 그렇기에 메리는 아버지 코넌트가 대표하는 억압적인 교리에서 보다는 성서로서의 자연을 통해 위로를 얻고 하나님의 존재를 감지하고 있다.

이러한 측면에서 자연은 여성과 원주민을 연결해주는 기반이 된다고 할 수 있다. 왜냐하면 원주민 또한 억압적이고 폭력적인 백인 사회를 통해서가 아니라 자연을 통해서 하나님의 존재를 느끼게 되기 때문이다. 원주민의 '무지'의 속성을 강조하는 다음 구절에서 차일드는 그렇기 때문에 원주민들이 타고난 본능으로 하나님의 존재를 발견할 수 있다고 주장한다.

> 베들레헴에 떴던 별이 그의 길을 따라 빛난 적도 없고, 죽음의 그림자의 어두운 골짜기에 계시된 진리의 밝은 빛이 비추어진 적도 없다. 비록 그의 지력은 어둡지만 그의 애정의 순수함과 평화로움을 뚫고 들어가 인간의 무지위에 부드러운 빛을 던지는 하나님의 보좌의 빛이 있었다. . . . 그는 결코 하나님의 성경을 읽은 적이 없지만, 멀리서 들리는 천둥소리 속에서 그의 수레바퀴 소리를 들었고, 구름 속에서 그의 휘장을 보았다.

> The star, which had arisen in Bethlehem, had never gleamed along his path; and the dark valley of the shadow of death had never been illuminated with the brightness of revealed truth. But though the intellect be darkened, there are rays from God's own throne, which enter into the peacefulness and purity of the affections, shedding their mild luster on the ignorance of man. . . . He had never read of God, but he had heard his chariot wheels in the distant thunder, and seen his drapery in the clouds. (34)

위의 묘사에서 보듯이 자연 속에 사는 원주민은 율법에 매여 삶의 건강성을 거부하고 편협하고 배타적인 삶을 살고 있는 청교도보다도 오히려 하나님과 직접적인 교류를 하고 있을 가능성을 가지고 있다. 그리고 "차갑고 무거운 분위기에서는 향불이 올라가지 않고, 인간의 마음이 쟁기질하지 않은 땅처럼 딱딱하고 메마른 곳에는 상상력의 꽃봉우리가 피어나기 어렵다"(79)라는 구절을 통해서 신에 대한 믿음이나 인간의 상상력은 딱딱하고 메마른 인간의 사고 속에서는 피어나기 어렵다는 생각을 차일드는 밝히고 있는 것이다. 단편적이고, 비유적이며 시적인 언어를 가지고 있고, 문명화된 삶의 인공물들에 의해 그 본성이 뒤틀리지 않은(114) 호보목은 이러한 여성들과 더불어 자연과 연계된 하나의 대안으로 설정되고 있다.

결국 원주민과 여성은 자연을 통해서 매개되며 가부장적 백인 사회에 억압받으면서 동시에 그들이 억누르고 사는 삶의 영역을 대변해 주는 존재로서 설정되어 있다. 비록 원주민 호보목은 사라지고 메리는 다시 백인 사회로 복귀하지만, 이들을 통해서 보여준 것은 자연과 인간의 본성에 기반하고 화합을 모색하는 모계적 사회가 이성적이고 억압적이며 분파적인 부계적 문화보다 진리에 보다 가까이 접근할 수 있다는 차일드의 전망이라고 할 수 있을 것이다.

IV

『호보목』 발표 이후 차일드의 활동을 추적해보면 『호보목』에서 잠재되어 싹트고 있는 그녀의 진보적이고 전복적인 성향이 발현되고 있음이 드러난다. 『호보목』이 발간된 지 4년 후에 발표된 "뉴잉글랜드 최초의 정착민"(The First Settlers of New-England)은 보다 정치적인 측면에서 비판적인 시각으로 원주민 문제에 접근하고 있으며, 이후 차일드는 그녀의 작품에 등장하는 원주민들을 통하여 미국 사회에서의 원주민 문제의 본질을 꿰뚫는 첨예한 비판의식을 보여주고 있다. 예를 들어 "외로운 원주민"(Lone Indian)에서 보이는 삶의 터전을 잃고 방황하는 고독한 원주민에 대한 소묘에서는 백인들의 욕심이 원주민에게는 어떠한 결과를 가져오는가가 원주민에 대한 깊은 공감을 가지고 그려져 있으며, 『호보목』을 염두에 둔다면 단순히 '사라져버린' 것으로만 이상적으로 처리된 호보목이 실제로는 그 이후 어떠한 삶을 살아야하는가에 대한 현실적인 전망으로 읽혀질 수 있을 것이다. 또한 "성 안토니 폭포의 전설"(Legend of the Falls of St. Anthony)은 원주민 여성에 대한 백인 남성의 착취적 결혼과 그 와해 과정을 그려내면서 궁극적으로 원주민에 대한 백인들의 착취와 죄악이 어떻게 백인들에게도 저주가 되어 돌아오는가를 보여주는 경고의 작품이다. 끝으로 "코코러와의 저주"(Chocorua's Curse)는 백인인 코넬리우스와 원주민 코코러와가 서로 융화하면서 잘 살다가 오해를 통해 서로 죽고 죽이는 살육의 관계로 들어가면서 결국은 그 둘이 함께 파멸하는 모습을 통하여 아메리카 대륙에서의 백인과 원주민의 관계의 우화를 그려내고 있다. 더욱이 그 오해의 시초가 말썽을 부리는 여우를 잡기 위해 코넬리우스가 놓은 독극물이라는 사실은 바로 백인에 대한 자연의 파괴가 원주민과의 갈등과 직접적인 연관을 가지고 있다는 비판의식을 보여주는 것이라 하겠다. 이 두 사람이 모두 훌륭한 잠재력을 가진 사람이었으나, 결국은 자신들의 잠재력을 발휘하지 못하고 증오와 분노속에서 인생을 소진하고 마는 줄거리는 인종간의 갈등이 피억압자뿐만 아니라 억압자의 인생마저도 왜곡시킨다는 차일드의 전향적 의식을 드러내주고 있기도 하다 (Karcher 1994 121).

차일드의 작품들을 통해 나타나는 그녀의 의식의 변천을 추적해보면 일관되게 드러나는 것은 바로 인종과 성별에 관계없이 인간의 가치를 귀히 여기는 평등주의적이고 민주주의적 신념이다. 차일드는 다양한 인종들 간의 화합이 '열등함'이 아닌 '다양함'을 가져다 줄 것이라 믿으며(Karcher 1994 185) 미국이라는 국가가 애초부터 배태하고 있었던 모순, 즉 모든 인간이 동등하다는 민주주의의 전제와 그러한 민주주의의 대상에 흑인, 원주민, 여성 등은 제도적으로 문화적으로 소외된 주변집단으로 침묵당하고 있다는 모순에 대하여, 민주주의의 기본적 전제에 대한 회귀로 맞서려고 했던 것이다. 그리고 그러한 평등에 대한 열망은 남성과 여성, 혹은 인종 간의 차이에 의한 인간의 가치의 구분이 없어지는 사회가 하나님이 의도한 질서에 보다 가까워지는 사회(Herzog 76)라는 그녀의 신념에서부터 출발하고 있는 것이라고 할 수 있다.

제 6 장

쿠퍼James Cooper의 『모히컨 족의 마지막 후예』

미원주민의 모습을 미국 문학에 가장 뚜렷하게 남겨놓은 작가는 단연 쿠퍼라고 할 수 있다. 쿠퍼는 원주민과 백인과의 관계를 개인과 집단의 차원에서 중점적으로 다루면서, 어린이와 어른들을 함께 매혹시키는 흥미로운 이야기의 중심에 원주민 인물들을 위치시키고 있기 때문이다. 그러나 이야기꾼으로서의 쿠퍼의 재능에 대하여는 모두가 인정하는 반면, 쿠퍼가 그려낸 미원주민의 모습에 대하여는 여러 비평가들이 그 비사실성을 비판하여 왔다. 그 비판의 주조는 쿠퍼의 원주민들이 사실과 현실에 근거하고 있기보다는 이상화되었고 지나치게 미화되었다는 것으로서(Keiser 104-106), 쿠퍼의 원주민이 동부인들이 가진 원주민에 대한 순진한 믿음을 보여주고 있으며 쿠퍼가 실지로 변경지역을 여행해본 적이 있었더라면 실지로 미국의 숲속에서 발견되는 원주민들은 사납고 간교한 전사들이라는 것을 알 수 있었으리라고 지적되기도 하였다(Maddox 45-46).

이러한 비판에 대한 쿠퍼의 반응이 흥미로운데, 그는 현실이 어떠하든지에 상관없이 그들을 아름답게 제시할 수 있는 것이 작가의 특권이자 특히 로맨스 장르의 특권임을 다음과 같이 역설한다.

> 등장인물의 멋진 이상을 독자들에게 제시하는 것은, 특히나 작품이 로맨스의 경지에 이르려는 포부를 가지고 있다면, 허구를 창조하는 모든 작가들의 특권이다. 그것이 바로 시를 만들어내는 것이다. 홍인종이 지저분하고 비참한 상태나 타락한 도덕적 상태로 재현되어야만 한다고 생각하는 것은, 비록 분명히 그것이 그의 상황이라고는 할 수는 있지만, 저자의 특권에 관한 매우 편협한 관점을 가지는 것이다. 그런 비판들을 한다면 이 세상에는 호머도 존재하지 못했을 것이다.

> It is the privilege of all writers of fiction, more particularly when their works aspire to the elevation of romances, to present the beau idéal of their characters to the reader. This is which constitutes poetry, and to suppose that the redman is to be represented only in the squalid misery or in the degraded moral state that certainly more or less belongs to his condition, is, we apprehend, taking a very narrow view of an author's privileges. Such criticism would have deprived the world of even Homer. (Keiser 107)

쿠퍼는 문학의 특권을 강조하며 그의 작품에서 보이는 이상화 경향을 옹호하는데, 역설적으로 그러한 과정에서 원주민의 현실에 대한 그의 부정적 인식을 드러낸다. 즉 그는 원주민이 "지저분하고 비참한 상태"에서 생활하며 "타락한 도덕적 상태"를 가진 존재들이라는 지극히 부정적인 인식을 하고 있는 것이다. 따라서 그의 작품에서 묘사된 이상적인 원주민의 모습을 기준으로 그의 원주민관을 판단할 수는 없다. 자신이 작품에서 추구하는 것이 사실적 형상화가 아니라 로맨스의 차원이기 때문에 사실성의 굴레에서 자유롭다고 말하는 쿠퍼는 현실세계에서의 원주민에 대하여는 부정적인 생각을 가지고 있음에도 불구하고 그의 작품에서는 이상적인 인물로 신화의 차원에까지 이르도록 그리고 있기 때문이다.

이러한 로맨스의 기제는 이 작품의 지리적 배경으로 삼은 호수의 이름에 대한 언급에서도 나타나는데, 쿠퍼는 프랑스 이름은 너무 복잡하고 영어 이름은 너무 평범하기에 고대에 그 호숫가에 살았던 원주민 족속의 이름을 따서 호리컨이라고 부르기로 하겠다고 하며, "내티 범포가 말하는 모든 것이 엄격한 사실이라고 믿어져야하는 것은 아니므로" 이러한 자유가 행사될 수 있다고 한다(2). 즉, 쿠퍼는 사실성을 고집하는 대신 지명이나 미원주민 부족 이름에서부터 예술적 효과를 먼저 고려하는 로맨스의 자유를 선택하며, 그럼으로써 얻는 효과는 바로 앞서 말한 신화적 차원으로의 이동이라고 할 수 있다.

그런데 쿠퍼가 자신의 현실적 인식을 부정하고 사실성을 희생하며 로맨스를 선택하는 이유는 오히려 현실에 뿌리를 둔 것이라는 분석 또한 가능할 수 있다. 왜냐하면 예술의 고유 영역을 주장하며 인물의 현실성을 약화시키고 있는 쿠퍼의 시학 자체가 정치적이고 현실적인 사고의 편향을 반영하고 있을 가능성도 있기 때문이다. 쿠퍼가 "지저분하고 비참한 상태"에서 생활하며 "타락한 도덕적 상태"에 있는 존재로 원주민들을 파악하면서도 그의 작품에서 언카스나 칭카치국과 같은 이상적인 원주민의 모습을 형상화하고 신화적인 차원에까지 올려놓는 것이나 호수의 이름을 원주민 부족의 이름을 따서 지은 것은 미국인으로서의 자부심과 연결하여 이해해 볼 수 있다.

쿠퍼가 활동하던 19세기 초는 미국의 국가적 기초가 놓여지던 시기였고, 아메리카 대륙을 미국이 다스리도록 하나님이 허락하셨다는 '명백한 운명'(Manifest Destiny)에 대한 믿음을 기초로 한 팽창주의와 낙관주의가 팽배하였던 시기이기도 하였다. 게다가 다양한 분야에서 영국과는 차별화된 "영광스런 미국 공화국의 떠오르는 영광"(Schueller 3)을 가진 국가의 고유성을 확립하여야 할 필요성이 대두되던 시기였다. 그러한 모색의 결과 문학 분야에서도 쿠퍼의 주요 작품 발표 시기로부터 한 세대가 지난 19세기 중반 '아메리칸 르네상스'라는 이름으로 여러 작가들이 미국적인 주제들을 다룬 독특한 미국 문학을 꽃피우게 되는 것이다.

쿠퍼는 그러한 시도의 선구자로서 미원주민을 소재로 한 고유한 미국 문학을 산출하였는데 그것은 미국의 원주민이야말로 유럽과 영국의 문화적 그늘에서 벗어나 미국의 고유한 문화를 뿌리내리게 할 미국만의 독특하고 고유한 소재라고 생각하였기 때문이었다. 또한 미국의 원주민은 아메리카 대륙의 토양의 산물이기 때문에 이상적인 모습으로 그려져야 한다는 것은 쿠퍼만의 생각이 아니라 19세기 초에 널리 유행하였던 사고방식이기도 했다.

그러나 쿠퍼의 작품세계에서도 주인공은 원주민이 아니라 백인이다. 미국 개척의 최전방에 있는 변경인(frontiersman) 호크아이](Hawk

Eye)는 새로운 나라 건설의 주역이 되면서 새로이 형성되는 미국 문학의 주인공으로 탄생한다. 그리고 영국의 월터 스콧(Walter Scott)의 역사 로맨스를 능가하는 국가 문학을 창조하겠다는 쿠퍼의 야심 속에서 이 작품은 현실을 벗어나 이상화의 경계를 넘나든다. 또한 이상화의 과정에서 이상적인 원주민은 백인 변경인의 옆에 친구로 남아 기꺼이 그의 생존과 개척과정을 도우며, 팽창주의 정책에 의해 희생되는 원주민의 생존권과 윤리 문제는 허구로 펼쳐지는 이상적 세계에서 현실감을 상실하며 미국인의 죄책감을 해소한다.

『모히컨족의 마지막 후예』에서 언카스 또한 이상적인 백인 호크아이처럼 이상적인 원주민의 원형으로서 '고귀한 야만인'(Noble Savage)의 전통을 따라 타락하지 않은 고귀한 영혼으로 묘사된다. 그러나 그가 주인공이라 할 수 있을 정도로 작품 속에서 중요한 역할을 하고 있음에도 불구하고 그의 내면 세계나 심적인 갈등은 거의 드러나지 않는다. 백인 인물들이 원주민과의 접촉을 통하여 성장하고 성숙해 가는데 반하여 원주민 인물들은 그러한 변화를 겪지 않으며, 단지 백인들을 변모시키는 환경의 일부로 타자화되고 있을 뿐이다. 이렇게 내면의 갈등이 독자에게 전달되지 않고 단지 이상적으로만 그려지는 원주민의 재현은 그들을 살아있는 인간으로서가 아니라 추상적이고 이상화된 개체로 탈인간화함으로써 오히려 미원주민에 대한 인간적 공감의 여지를 축소시키고 원주민 문제를 추상화와 감상화하는 기제로 작용할 위험성을 배태한다.

그러나 잘 알려진 것처럼 쿠퍼의 원주민이 모두 이상적으로 그려진 것은 아니었다. 언카스와 대척점에 있는 마구아(Magua)는 "마치 오십명의 악마들이 기독교도의 영혼의 타락에 저주를 하는 듯"한 사탄의 이미지로 묘사되고 있다. 그리고 백인과 전투를 벌이는 그의 부하들은 조금의 연민도 없이 잔혹하게 살상을 하는 악마와 같은 존재로 묘사된다.

> 신호가 떨어지자 이천 명이 넘는 야만인들이 숲으로부터 뛰쳐나와 타고난 민첩함으로 그 죽음의 평원으로 몸을 날렸다. 그 이후 일어난 구역질나는 공포에 대해서는 말하지 않겠다. 죽음이 가장 끔찍하고 역겨운 형태로 도처에 깔렸다. 저항은 그 살인자들을 더 광분하게 만들어, 희생자들이 그들의 분노의 영향을 벗어난 후에도 오랫동안 광포한 타격을 날렸다. 원주민들은 그 광경에 흥분하고 제 정신을 잃었고, 그 중 많은 이들이 심지어는 땅에 엎드려 마음껏, 의기양양하게, 지옥의 존재들같이 그 피의 홍수를 들이마셨다.

> More than two thousand raving savages broke from the forest at the signal, and threw themselves across the fatal plain with instinctive alacrity. We shall not dwell on the revolting horrors that succeeded. Death was everywhere, and in his most terrific and disgusting aspects. Resistance only served to inflame the murderers, who inflicted their furious blows long after their victims were beyond the power of their resentment. The flow of blood might be likened to the outbreaking of a torrent; and as the natives became heated and maddened by the sight, many among them even kneeled to the earth, and drank freely, exultingly, hellishly, of the crimson tide. (181-82)

언카스와 같이 고귀한 야만인으로서의 원주민과 악마와 같은 존재로서의 원주민을 함께 보여주는 쿠퍼의 문학에서 우리는 원주민에 대한 미국인의 이중적인 의식의 원형적인 형태를 찾아볼 수 있다. 쿠퍼가 부정적으로 그린 원주민들은 특히 혼혈이나 문화적으로 백인과 접촉한 원주민으로 설정되어 있다. 그리고 이러한 문화접촉에서 백인들이 원주민들에게 좋지 않은 영향력을 끼쳤던 것을 쿠퍼는 인식하며 인정하고 있다. 쿠퍼가 창조해낸 대표적인 악한 원주민 마구아의 형상화에서도 문화 접촉의 부정적 양상에 대한 쿠퍼의 생각이 드러나 있는데, 비록 마구아는 악마와 같은 존재로 형상화되었지만 그가 악마처럼 타락한 것은 백인 때문인 것으로 설정되어 있다. 즉 백인들이 준 술이 그를 망쳤고, 또한 채찍질을 죽음보다 더 수치스럽게 여기는 원주민의 문화를 이해하지 못한 헤이워드(Heyward) 대령이 그에게 채찍질을 함으로써 물리적일 뿐만 아니라 문화적인 폭력을 가했기 때문에 마구아는 수치와 절망 속에서 그토록 타락하게 된 것이다.

더욱이 마구아가 휴론족의 추장으로서 행복하게 지냈던 시절과 백인들이 들어와서 술을 마시게 하고 그들을 영토에서 사냥감처럼 쫓아내버렸던 이야기를 할 때 쿠퍼는 궁극적으로 백인들이 나쁜 원주민을 만들어낸 책임이 있음을 고발하고 있다. 마구아는 다음과 같이 백인과 백인 문명을 비판한다.

> 어떤 이들을 그(위대한 정령)는 숲의 산족제비보다 더 창백한 얼굴을 가지도록 만들었다. 그는 이들이 상인이 되도록 명하셨지. 그들 여자들에게는 개가 되고, 그들 노예들에는 늑대가 되도록 말이야. 이들에게 비둘기의 본성과 결코 지치지 않는 날개와 숲의 나뭇잎보다도 풍요로운 젊음과 대지를 삼킬만한 욕망을 주셨어. 또 살쾡이의 거짓 울음소리같은 혀와, 토끼의 심장과 수퇘지의 교활함(여우의 교활함은 주시지 않고), 무스의 다리보다 긴 팔을 주셨지. 그는 그 혀로 원주민

들의 귀를 막고, 비겁하게 자기 싸움을 싸우도록 전사에게 대가를 지불하고, 교활하게 대지의 생산물들을 어떻게 손에 넣을지 알고, 그 팔은 길어서 바닷가로부터 큰 호수의 섬까지 모두 자기 것으로 끌어안을 수 있지. 그는 욕심 때문에 정상이 아니야. 하나님은 그에게 충분히 베푸셨지만, 그런데도 모든 걸 가지기를 원한다고. 그게 바로 창백한 얼굴들이야.

Some He made with faces paler than the ermine of the forests; and these He ordered to be traders; dogs to their women, and wolves to their slaves. He gave this people the nature of the pigeon: wings that never tire, young, more plentiful than the leaves on the trees, and appetites to devour the earth. He gave them tongues like the false call of the wild-cat; hearts like rabbits; the cunning of the hog (but none of the fox), and arms longer than the legs of the moose. With his tongue, he stops the ears of the Indians; his heart teaches him to pay warriors to fight his battles; his cunning tells him how to get together the goods of the earth; and his arms inclose the land from the shores of the salt-water to the islands of the great lake. His gluttony makes him sick. God gave him enough, and yet he wants all. Such are the pale-faces. (319)

이렇게 마구아라는 악한 원주민을 통해서 백인과 백인 문명에 대하여 비판을 제기하는 것은 쿠퍼로서는 전략적인 선택이라고 분석할 수 있다. 원주민과 백인 사이에 진행되는 갈등의 원인이 백인에게 있음을 통렬하게 지적하면서도 또한 그러한 비판을 받아들이고 싶지 않은 독자들에게는 그것이 악한 원주민을 통해서 제시되는 편향된 관점이라고 생각할 수 있는 탈출구를 제공하기 때문이다. 그러나 이러한 비판이

악한 원주민의 입으로 제시된다는 유보적인 전략에도 불구하고, 침묵하는 원주민에게 목소리를 주었다는 사실 자체만으로도 쿠퍼는 백인 문명 비판역사에서 의의를 가진다.

마구아가 백인들이 준 술 때문에 타락하게 된 경우처럼 백인과 원주민간 접촉의 부정적인 양상에 주목하고 있는 것은 민족에 대한 쿠퍼의 사고방식과 연관되는 것인데, 그는 각 부족, 각 종족의 독특함과 고유함이 인정받고 존중받아야 한다고 생각하였다. 즉, 원주민은 원주민대로 또 백인은 백인대로 종족마다 각자가 부여받은 재능(gift)에 따라 살아야 한다는 쿠퍼의 생각은 곧 원주민의 고유한 생활방식을 존중해야 한다는 주장으로 현실화될 수 있는 것이다.

쿠퍼는 동화정책이 원주민 문제를 해결하는 방안이라고 생각하지 않았으며 타문화, 타인종과의 접촉은 오히려 인간을 타락시키는 것이며 원주민들도 백인과 접촉함으로써 타락하고 악한 원주민으로 변한다고 보았다(Blackmore 43). 그리고 실제 기록에서도 유럽문화와 접촉하여 겪게 되는 원주민들의 부정적 변화들을 찾아볼 수 있으며(Jennings 39-40), 18세기 백인과 원주민의 접촉 초기의 실지 경험을 그린 메리 로랜슨의 포로수기에서 기독교로 전향한 원주민(praying Indian)에 대한 반감이 나타나 있는 것도 같은 맥락에서 이해될 수 있을 것이다. 따라서 타문화, 타인종간의 접촉의 결과인 혼혈은 쿠퍼에게 부정적인 것으로 간주된다. 그래서 원주민 내에서도 가장 순수 인종인 들라웨어(Delaware) 종족이 가장 도덕적으로 뛰어난 것으로 간주되며, 백인 주인공 호크아이(Hawkeye)는 "다른 피 한 방울 섞이지 않은 순수한 백인인 나(I, who am a white man without a cross)"라는 말을 여러 번 반복함으로써 혼혈에 대한 부정적 인식을 간접적으로 드러내고 있다.

혼혈에 대한 쿠퍼의 부정적 인식은 작품 속에서 일관성 있게 드러나서, 원주민의 부족간 혼혈만큼이나 백인의 경우 영국과 스코트랜드 같은 타국가 사이의 혼혈도 부정적인 것으로 그려지고 있는데 (Blakemore 43-47), 이러한 쿠퍼의 태도는 원주민 언카스와 백인 아가씨 코라(Cora)와의 감정적 교류를 처리하는 부분에서 흥미로운 양상을 보여준다. 언카스와 코라간의 호감은 이야기를 이끌어가는 추동력이 되고 있으면서도 드러내어 표현되지 않고 매우 미묘하고 조심스럽게 암시되다가 결국 이들 모두의 죽음으로 결말을 맺는다. 그리고 이들 둘은 따로 장례식이 치루어지고 죽어서도 그 시신이 섞이지 않도록 거리를 두고 매장되며 내세에서조차 맺어지지 않을 것이 암시된다(367). 더욱이 코라는 비록 백인으로 보이기는 하지만 어머니가 서인도제도 출신의 노예였다는 것이 작품의 중간에 밝혀짐으로써 원주민 남자와 백인 여성간의 사랑에 대하여 백인 독자가 가질 수 있는 거부감을 완화시키는 장치가 미리 마련되어 있기도 하다.

백인 여성으로 보였던 코라의 출생의 비밀을 굳이 혼혈로서 설정한 것을 이해하는데는 마이어스(Sandra Myres)가 언급했던 '진정한 여성성'(true womanhood) 개념이 도움이 될 수 있다. 그에 따르면 유럽인들의 사고에서 여성은 일관되게 원주민들을 증오하고 두려워하는 것으로 그려져 왔으며 이러한 여성들의 태도는 미국의 인종차별주의와 밀접하게 연관이 된다. 남성들은 원주민들을 죽이기를 원하지 않고 오히려 그들하고 긍정적인 관계를 맺고 싶어 하지만 백인 여성들을 보호하고 그녀들의 두려움을 없애주기 위해서 원주민과 대적해야 한다는 것이다. 또한 그럼에도 불구하고 그러한 견해들이 주로 남자들에 의해서 피력된 것이며, 그들이 만들어낸 '진정한 여성성'이라는 이상이 '잔혹하고 색탐하는 원주민'의 이미지를 지지하고 창출했다고 덧붙이고 있다 (37). 따라서 미원주민에 대하여 애정을 나타내는 백인 여성의 존재는 이러한 기존 관념에 들어맞지 않는 당혹스러운 것이었다고 할 수 있으며, 그렇기에 원주민에게 호의적이고 나아가 원주민과 사랑에 빠지는 코라를 순수백인이 아닌 혼혈로 설정했다고 볼 수 있는 것이다.

브라운(Harry Brown)은 코라가 혼혈임이 드러나는 시점부터 코라의 몰락이 시작되며 윌리엄 헨리 요새의 학살로 플롯을 이끌어간다고 지적한 바 있다. 실지로 작품 초반의 코라는 연약한 꽃으로 비유되며 위기에서 다른 사람의 도움에 전적으로 의존하는 순수 백인여성 앨리스(Alice)와 비교하여 강인하고 용감하며 자주적인 인물로 그려지지만, 출생의 비밀이 밝혀지는 시점부터 자주성을 잃고 운명에 자신을 내맡기는 수동적인 모습으로 변화한다. 이는 쿠퍼의 세계에서 혼혈이 긍정적인 가치와 연결되지 못하고 백인 중심의 미국 사회에서 배제되어야 할 존재로 여겨지고 있음을 짐작케하는 부분이다.

이처럼 쿠퍼는 혼혈을 경계하고 순수성을 옹호하면서 원주민 동화 정책의 부정적인 측면을 강조하지만, 그러한 쿠퍼의 관점이 정작 현실 속에서는 원주민에게 오히려 가혹하게 작용할 수 있다. 왜냐하면 동화 정책이나 그것의 필연적 결과인 혼혈이 부정적이기 때문에 원주민들에게는 순수함을 유지하여야 하며, 그것은 결국 경제와 사회와 문화 등 여러 차원에서 그들을 고립시키고 그럼으로써 도태시키는 기제로 작용할 수 있는 것이다.

쿠퍼가 그려내는 미국의 모습에는 원주민이 허용될 수 있는 공간이 존재치 않는다. 실지로『모히컨족의 마지막 후예』의 세계에서 원주민을 위한 자리는 마련되지 않고 백인은 그에 대한 책임이 없다. 착한 원주민 언카스를 나쁜 원주민 마구아가 죽이고, 마구아는 백인 호크아이의 총에 죽게 함으로써, 착한 원주민의 죽음은 원주민끼리의 싸움의 결과이자 나쁜 원주민의 책임이며 나쁜 원주민의 죽음은 정의가 구현된 결과이기에 정당화 된다. 결국 '모히컨 족의 마지막 후예'는 언카스가 아닌 칭가치국(Chingachgook)이며, 후사도 없이 '사라지는 원주민' 늙은 칭가치국의 모습이 바로 그 사라짐을 애도하는 쿠퍼가 상정하는 미원주민의 운명이 된다.

쿠퍼는 자연과 원주민에 대하여 열린 관점을 가진 내티 범포 호크아이를 형상화하여 미국 문학의 뚜렷한 인물로 세워놓았으며, 그가 원주민 칭카치국과 나누는 우정은 현재까지도 미국인들의 의식에서 백인과 유색인과의 우호적이고 우정적인 관계의 원형으로 간주된다. 그러나 쿠퍼는 원주민과 혼혈인종을 제거하고 백인만을 미국의 시민으로 남겨놓으며, 그가 유색의 피가 섞이지 않은 순수한 백인임을 강조한다. 이렇게 유럽의 문명을 벗어난 새로운 미국인의 탄생이 내티 범포에게서 형상화되고 있는 것이다.

쿠퍼는 미원주민을 이상화하여 국가적 신화의 차원으로 끌어올리는 과정을 통해 오히려 당대 미국의 정치적 현실과 원주민 문제의 현실성을 제거하여 버린다. 그리고 궁극적으로 '사라지는 원주민'의 신화와 백인 중심의 미국이라는 현실이『모히컨족의 마지막 후예』가 대표하는 그의 작품 세계를 통해서 구현되고 있다고 할 수 있을 것이다.

제 7 장

+-+

세즈윅Catherine Sedgewick의 『호프 레슬리』

I

1827년 발표된 세즈윅(Catherine Sedgewick)의 『호프 레슬리』(Hope Leslie)는 원주민과 원주민 문제에 대하여 상당히 전향적인 시각을 보여주고 있는 작품이다. 그리고 『호프 레슬리』가 견지하고 있는 진보적인 관점은 작가가 가진 원주민에 대한 공감의 힘에 뿌리를 내리고 있다. 『호프 레슬리』의 서문에서 그녀는 이제까지 백인 중심의 역사와 문학을 통하여 원주민들이 "어리석거나 악의에 찬 고집 이외에는 다른 아무런 이유도 없이 살기보다는 죽기를 더 원하는 '험악한 개'"로 묘사된 것은 그것이 백인에 의해서 쓰여진 것이기 때문이라는 점을 지적하며, "만일 그들의 역사가나 시인이라면, 당연히, 그리고 보다 정당하게 그들의 고귀한 용기와 애국심을 상찬할 것이다"(6)라고 말하고 있다. 그리고 "미덕과 지력은 모든 인간 종족에게 주어진 것이며. . . 지구상의 다양한 인종간의 특성의 차이는, 주로 환경의 차이에서 생기는 것이다"(6)라고 믿는 이 작가는 그때까지 영어로 작업하는 "그들의 역사가나 시인"을 내지 못하고 있는 원주민들을 대신하여, 19세기를 통틀어 백인 작가에 의해 재현된 원주민 인물들 중에서 가장 독립적이고 입체적이며 매력적인 형상화를 이룬 인물이라고 할 수 있는 매가위스카 (Magawisca)를 창조해내었다.

  매가위스카는 다양한 감정과 갈등과 고민속에서 성숙해가는 인물로 그려진다. 그녀는 원주민과 이주민과의 싸움에서 포로로 잡혀 동생과 함께 플렛쳐(Fletcher) 가문에 하인과 같은 처지로 오게 되었지만 여전히 "위엄과 사려깊음"(23)을 지니고 있으며, 아버지가 플렛쳐의 집을 공격하려고 계획하고 있다는 것을 알고 아버지에 대한 애정과 플렛쳐 가족들의 안전에 대한 걱정 사이에서 깊이 갈등하는 모습을 보여주기도 한다. 또한 플렛쳐 가의 아들 에버렐(Everell)과 그녀가 이어가는 사랑과 희생과 이별의 이야기는 독자들의 공감을 확보하기에 부족함이 없는 애정소설을 만들어내고 있다.

  특히 매가위스카에서 돋보이는 것은 그녀가 백인사회에서 생활하면서도 놓치지 않는 원주민으로서의 자긍심이다. 부족의 추장이면서도 추장으로서의 임무를 다하지 못하고 백인사회에 동화되는 호보목과 달리 "오랜 동안 백인들하고 함께 살았으면서도, 자신의 고유한 원주민 옷을 입고 살며, 그녀 부족사람들이 하는 모든 것에 아주 익숙한"(38) 매가위스카는 백인들과 깊은 감정적인 교류를 나누면서도 주체적인 부족의 시각을 잃지 않는다. 특히 그녀는 세즈윅이 서문에서 말한 바 그 스스로가 "그들 부족의 연대가나 시인"의 기능을 수행한다. 호보목 역시 상상력을 자극하는 이야기 솜씨로 메리와 교류를 시작했지만 매가위스카가 에버렐에게 해주는 피쿼드 전쟁의 이야기는 백인이 듣기를 원하는 이야기가 아니라 백인중심적인 역사의 허구를 폭로하는 대항역사(counter-history)이다. 그녀가 서술하는 피쿼드 전쟁의 이야기는 "피쿼드 족의 적이자 정복자의 언어"인 영어로 서술된 백인체제의 공식역사와는 다른 "새로운 형태와 색채를 띠는" "낡은 이야기의 새로운 판"(53)인 것이다.

> 그러나 그는 그것을 피쿼드 족의 적이자 정복자의 언어로 들었었다. 이제 그것은 매가위스카의 입술로부터 새로운 형태와 색채를 띠었다. 그녀는, 그가 보기에는, 자연이 준 최상의 재능을 구현하는 듯했고, 그녀의 감정은 천상에서 내린 영감인 것 같았다. 낡은 이야기의 새로운 판을 들으며 그는 우화에 나오는 남자와 사자를 떠올렸다. 그러나 이것은 단순히 예술가의 어떤 주제를 부각시키기 위해 조각가를 바꾸는 정도가 아니었다. 이것은 조각칼을 진실의 손에 맡기고 그것이 속한 이에게 주는 것이었다.

> But he had heard them in the language of the enemies and conquerors of the Pequods; and from Magawisca's lips they took a new form and hue; she seemed, to him, to embody nature's best gifts, and her feelings to be the inspiration of heaven. This new version of an old story reminded him of the man and the lion in the fable. But here it was not merely changing sculptors to give the advantage to one or the other of the artist's subjects; but it was putting the chisel into the hands of truth, and giving it to whom it belonged. (53)

"이것은 단순히 조각가를 바꾸는 것이 아니라" "조각칼을 진실의 손에 맡기고, 그것이 속한 이에게 주는 것"이라는 화자의 말은 이러한 원주민 시각의 대안적 역사가 단순히 관점의 상대성만을 보여주는 것이 아니라, 백인의 시각에서 쓰여진 역사보다 유효한 진실을 담보한 역사임을 승인해주고 있는 것이라 하겠다. 즉, 그녀가 구술하는 피쿼드 전쟁의 이야기는 백인에 의해 쓰여진 역사를 원주민의 관점으로 다시 쓰는 것이며, 백인들의 역사에서 지워진 원주민의 목소리를 되살려내는 작업이며, 나아가 진실이 스스로 말하게 하는 작업인 것이다.

이처럼 스스로 당당하게 말하는 원주민으로서의 매가위스카의 면모는 그녀의 재판에서 다시 드러난다. 그녀에게 앙심을 품은 필립경의 거짓된 고발이 끝난 후, 총독이 그녀에게 자신을 변호하여 할 말이 있는가를 묻자 그녀를 걱정하는 백인 인물들은 다음과 같이 충고한다.

> "겸손하게 말하거라." 엘리어트씨가 속삭였다. "그러면 판관들에게 그대의 대의명분을 전달할 수 있을테니."
> "네가 우리 법과 관습을 모른다고 이야기하고, 너를 위해 변호해 줄 사람을 요구해."라고 에버렐은 말했다.

> "Speak humbly maiden," whispered Mr. Eliot, "it will grace thy cause with thy judges."
> "Say," said Everell, "that you are a stranger to our laws and usages, and demand some one to speak for you." (286)

엘리어트의 충고는 "아가씨"로서 "겸손하게" 말하라는 것이고, 에버렐의 충고는 다른 누군가가 그녀를 위해서 대신 말하도록 하라는 것이다. 즉, 여성의 입장에서 동정을 구하거나, 소수 인종의 입장이므로 직접 이야기하지 말고 백인 체제 내에서 대신 말해줄 사람을 구하라는 충고인 것이다. 그럼에도 매가위스카는 "나는 당신들의 적이다; 태양빛과 그림자는 서로 섞일 수 없다. 백인들이 오고－원주민들은 사라진다. 우리를 치려고 들어올린 손을 우리가 우정으로 잡을 수 있는가?"(293)라며 백인과 원주민의 적대성을 인정하며, 나아가 그러한 적대감은 백인들의 공격성에서 유래된 것임을 고발하는 담대함을 보인다.

이처럼 세즈윅은 소수 민족 여성인 하위주체(subaltern)에게 목소리를 주어 직접 말하게 하는 방식으로 원주민 문제에 대한 새로운 시각을 제시하려고 시도한다. 물론 이러한 세즈윅의 시도가 소설속에서 진정한 원주민의 목소리를 어느 정도까지 복원하는데 성공하였는가에 대하여는 논의의 여지가 많다. 그녀가 제기하는바 기독교적 가치관과 기독교인들의 세속적인 삶의 양식 사이의 괴리, 상류사회와 남성들의 회포와 위선 등 백인 사회에 대한 비판은 이미 그 백인사회 내부에서 제기되는 비판들과 궤도를 같이 하고 있기 때문이다. 즉, 이러한 관점에서 볼 때 결국 스피박의 명제처럼 "하위주체는 말할 수 없고" 세즈윅은 원주민 여성 매가위스카의 입을 빌어 자신의 이야기를 하고 있을 뿐이라고도 할 수 있는 셈이다.

또한 호프 레슬리의 원주민이 모두 매가위스카에 상응하는 입체성을 획득하며 긍정적으로 그려지고 있는 것은 아니다. 매가위스카의 남동생 오네코(Oneco), 아버지인 피쿼드 추장 모노노토(Mononotto), 원주민 여인 넬리마(Nelema) 등 다른 원주민들은 '고귀한 야만인'과 '악마'라는 일반적인 양극단의 관념처럼 단순화되지는 않았지만, 그럼에도 불구하고 매가위스카의 위상과 면모와는 큰 차이가 있어 원주민에 대한 작가의 인식이 그들에 대한 전적인 옹호와는 거리가 있음을 보여주기 때문이다. 오네코는 추장의 아들로서 응당 가져야할 동족의 비참한 상황에 대한 관심과 우려를 보이지 않고 있으며, 모노노토는 복수심 때문이기는 하지만 호전적 원주민으로서 결국 그 복수의 과정에서 자신의 딸의 팔을 베는 실수를 저지르는 인물로서 부정적으로 그려진다. 원주민 풍속을 주장하다가 감옥에 갇히는 넬리마 역시 순수하지만 현실을 무시한 행동으로 자신과 타인을 위험에 빠뜨리고 만다. 이처럼 세즈윅이 그려내는 원주민의 이미지는 매가위스카를 제외하고는 기존 원주민의 전형에서 벗어나지 못하는 한계를 보이고 있다.

II

작품에서는 백인과 원주민간의 사랑이 두 쌍의 차원에서 진행된다. 우선 여주인공 호프 레슬리의 여동생 페이스(Faith)는 원주민들에게 포로로 잡혀갔다가 오네코에게 전적으로 의지하게 되고 결국 둘의 감정적인 교류는 결혼으로 결실을 맺는다. 호보목과 메리의 결혼생활은 지속되지 못하고, 언카스와 코라의 사랑은 결혼으로 결실을 맺지 못하는데 반하여 페이스와 오네코가 지속적인 결혼생활을 하는 것은 원주민과 백인간의 관계에 대하여 한단계 진전된 전망을 보여주고 있다고도 할 수 있다. 그러나 19세기 미국 문학에서 유일하게 지속되는 백인과 원주민의 결혼을 보여주는 이들의 관계에서 특기할 만한 것은 원주민들 사이에서 포로의 생활을 거친 백인 여성 페이스는 "응석받이에. .

. 제멋대로에다가 숫기없는"(29) 성숙치 못한 인격을 가지고 있으며 "과거에 대해서 전혀 생각하지 않고 미래에 대해서 전혀 신경쓰지 않는"(34) 오네코에게 유아기적인 집착으로 의존하는 것으로 그려지고 있다는 사실이다.

더욱이 호보목과 결혼할 당시와 3년간의 결혼기간의 대부분을 아무런 의지도 없는 넋나간 사람처럼 생활하였던 메리처럼, 오네코를 선택하는 페이스 또한 "창백하고 넋이 나간 듯하며" "완전히 멍한" 상태로 묘사된다. 즉, 이들 둘이 공통적으로 주체적인 결정에 의해 결혼을 하는 것이 아니라 이성적 기능이 마비된 상태로 원주민과 결혼하는 백인 여성의 동기에 대한 설득력있는 설명이 불가능하였기 때문인 것으로 미루어 짐작할 수 있다. 게다가 페이스와 오네코는 아이를 갖지 못하며 사회적으로도 고립된 삶을 사는 것으로 그려져 이 혼혈결혼을 통해 저자가 백인과 원주민의 관계에 대한 긍정적 전망을 보여주는 것으로 판단하기를 어렵게 만든다.

"이상적인 존재의 상태에 대한 기호"라고 페터리가 명명했던 에버렐과 매가위스카는 그 인격과 성격이 잘 어울리는 한 쌍으로 제시되지만, 그와 매가위스카의 관계는 마치 코라와 언카스의 관계처럼, 그리고 호보목과 메리의 관계처럼 급작스럽게 외적인 상황과 폭력으로 인해서 더 이상 발전하지 못한다. 에버렐을 납치한 매가위스카의 아버지가 에버렐을 죽이려는 순간 끼어들어 자신의 팔을 절단당하고 마는 매가위스카의 운명은 포카혼타스의 전설을 떠올리게 만들면서, 카처(Carolyn Karcher)의 지적처럼 그녀를 잠재적 배우자에서 불구의 누이로 변화시키며 그녀를 비여성화시키고 인종간의 결혼의 가능성을 배제시키고 있는 것이다(1992 xxiv). 그러나 후에 에버렐의 구조를 기념하는 그림에서는 잠자는 소년을 야수로부터 구하는 남성의 모습이 그려지며, 이 그림이 에버렐의 아이들에게 전해지는 "공식적인 이야기"가 될 것이라고 화자는 서술한다. 화가의 손을 거치며 원주민은 야수로, 그리고 백인남성을 구한 원주민 여성은 남성으로 변환되는 이 진실의 윤색이야말로 세즈윅이 경계했던바 재현에 개입하는 힘의 작용이었던 것이다.

결국 불구가 된 매가위스카는 스스로 에버렐을 떠나며, "자연이 우리 둘 사이에 장벽을 쳐놓았다"고 생각하는 에버렐은 호프와 결혼하게 된다. 하인 디그비(Digby)는 에버렐과의 관계에서 매가위스카의 자리를 호프가 대신함으로써 "모든 것이 응당되어야 할 대로 되었고, 도련님 어머니가 살아계셨다면 원하셨을 대로, 그리고 아버님과 모든 세상이 원하는 대로 된 것"(224)이라고 말한다. 디그비의 말대로라면 결국 인종간의 결혼이 아닌 백인들끼리의 결혼이야말로 부모뿐만 아니라 모든 세상이 원하는 것이며 또한 응당 그렇게 되어야 할 자연스러운 귀결이며, 그것을 에버렐도 인정하고 있는 것이다.

이러한 결말 부분에서 우리는 다시 "사라지는 원주민"에 대한 백인의 낭만적 환상을 확인하게 되는데, 사실 이러한 정조는 작품이 시작되기 전 세즈윅이 기록해 놓은 원주민의 사라짐을 읊는 시를 통하여 작품 전체의 분위기로 이미 설정된 것이다.

> 여기 그의 영광을 즐거워하며 원주민 추장이 서있었다!
> 그의 이야기위에 깃든 슬픔의 그늘은 얼마나 깊은가.
> 왜냐하면 백인들이 무장하고 왔었지—형제처럼 그들은 만났지만—
> 그러나 원주민의 모닥불들은 꺼졌고, 원주민의 태양은 졌다!

원주민 추장은 떠났고 그의 사냥터도 사라졌다.
그의 활시위가 당겨지는 소리는 이제 기억 할 수도 없지.
어제는 어디에 거하는지? 메아리의 방은 어디인지?
무지개는 어디로 사라졌는지? 거기에 원주민이 거할텐데.

Here stood the Indian chieftain, rejoicing in his glory!
How deep the shade of sadness that rests upon his story:
For the white man came with power—like brethren they met—
But the Indian fires went out, and the Indian sun has set!

And the chieftain has departed—gone is his hunting ground,
And the twanging of his bow-string is a forgotten sound:—
Where dwelleth yesterday? and where is Echo's cell?
Where has the rainbow vanished?—there does the Indian dwell.

비록 매가위스카가 당대 문학에 나타난 원주민으로서는 드물게 자주적이고 매력적이며 입체성을 가진 인물로 그려지고 있기는 하지만 결국 그녀는 미국 사회내에 자리를 잡지 못하고 떠나게 됨으로써 '사라지는 원주민'이라는 백인 작가로서는 편안한 결말로 귀착되고 있는 것이다. 이것은 결혼에 이르지 못하는 매가위스카와 에버럴의 관계, 그리고 자기중심적이고 고립적인 페이스와 오네코의 결혼 관계를 통해 혼혈결혼에 대한 유보적인 관점을 보였던 작가의 한계와도 연결된다고 하겠다.

그럼에도 불구하고 호프와 매가위스카의 관계는 혼혈결혼의 금기를 건드리지 않으면서도 편협한 가부장제와 그것이 강요하는 당대 사회의 억압에 능동적으로 대항하는 연대를 형성함으로써 또 다른 가능성을 제시하고 있다. 이들의 친화성은 여성과 소수민이 백인남성중심 사회의 공동의 피해자라는 작가의 인식에 근거한 것으로 보인다. 이것은 백인여성 호프와 매가위스카의 자매애를 통하여 표현되는데, 이들은 청교도사회의 이상적인 여성으로 제시되는 순종적이고 관습적인 여성 에스터(Esther)와 차별되는 "자유로운 영혼"(280)으로 남성위주의 백인 사회에 대한 비판을 제기하고 있기 때문이다. 페터리의 주장처럼 세즈윅은 호프와 매가위스카의 관계를 비유적인 자매의 관계로 세심하게 설정하고 있다. 그들이 가장 먼저 만나는 곳은 그들의 어머니가 각각 묻혀있는 묘지이며, 윈스롭은 그들의 상징적 청교도 아버지이고, 이들은 각자의 형제인 페이스와 오네코의 결혼으로 법률상으로도 자매가 된다(1998 505). 이외에도 그녀들은 모두 어머니를 잃은 것에 대하여 애도하고 있으며, 둘 다 플렛처 가문에 입양되었으며, 둘 다 에버럴을 좋아하는데 (Stadler 42), 그러한 감정은 질투와 경쟁이 아니라 배려와 이해로 그들의 관계를 승화시킨다.

"명백한 남성우월주의사회"(age of undisputed masculine supremacy) (16)로 정의되는 이 사회는 "수동성이야 말로 경건함 다음으로 여성의 가장 큰 미덕"(153)이라고 말하는 윈스롭(Wintrhop)이 대표하는 바 가부장적 체제로 지배되는 사회이다. 윈스롭은 호프의 자주성을 인정하지 못하고, "이성보다는 변덕이 많은 처녀"(154)라고 그녀의 독립성을 변덕으로 묘사하며 "한시라도 빨리 이 야생의 새의 발목에 줄을 매고 싶다"(155)며 철없는 그녀를 "지도"할 수 있다고 보이는 나이 지긋한 가디너(Sir Gardiner)와의 결혼을 제안하기도 한다. 과거에 호프의 어머니 앨리스(Alice)가 아버지의 반대 때문에 플렛처와 결혼할 수 없게 되자 절망속에서 완전히 무감각한 상태로 아버지의 명령에 따라 레슬리 경과 결혼을 하고 그 생활을 유지하는 모습은, 여성에 대한 가부장적 억압이 여성의 삶과 감성을 질식시키는 왜곡된 체제를 고발하고 있는 것이다. 이렇게 백인남성들이 중심이 되는 가부장적 지배체제에 대항하는 억눌린 존재들로서 여성과 소수인종의 연대를 보여주는 매가위스카와 호프는 공동체의 법이 정의를 담지하지 못하고 약자에게 복종을 강요할 때 가부장적 권위와 그것이 가지는 힘에 굴복하지 않고, 넬리마의 감금과 매가위스카의 감금의 경우에서처럼 남성중심의 백인사회가 가하는 불의한 폭력에 행동으로까지 맞서는 당당함을 보여준다.

『호보목』의 경우는 남성, 이성, 문명이 주는 억압에 대하여 미원주민과 여성의 상상력, 감성, 자연, 포용, 중재의 능력이 연대하고 있지만, 궁극적으로 그러한 연대가 호보목과 메리라는 이성, 이종족 간의 결혼이라는 형태로 현실화됨으로써 백인중심 규범의 사회에서 영속되지는 못하였다. 그러나 『호프 레슬리』에서는 그것이 호프와 매가위스카라는 여성들끼리의 연대로 나타나면서 상당히 진보적인 성과를 이룩한다. 이들은 넬리마(Nelema)의 재판에서처럼 사회가 정의를 행사하지 않을 때 그러한 결정에 승복하지 않고 적극적으로 중재와 행동에 나선다. 『호보목』에서 억압과 투쟁과 갈등의 남성세계에 대하여 미원주민 호보목의 상상력과 여성의 중재와 화해와 포용의 능력이 강조되었던 것처럼, 『호프 레슬리』에서도 매가위스카와 호프는 갈등을 중재하고 화해를 가져오려는 노력을 하는 인물들로서 중재자로서의 여성의 역할을 담당하고 있다. 이에 대하여 캐스티글리아(Christopher Castiglia)는 『호프 레슬리』에서 남성의 세계가 '정의'를 원리로 하는 구약의 세계라면 여성의 세계는 사랑을 원리로 하는 신약의 세계라고 지적한 바 있다(173).

그러나 매가위스카와 함께 나누는 우정과 연대에도 불구하고 백인 여주인공 호프는 미원주민에 대한 인식에서 한계를 보인다. 비록 그녀가 원주민이 백인들과 본질적으로 같다는 평등에 대한 인식을 일관되게 보여주었고, 매가위스카와는 동일시의 상태까지 가지만, 막상 원주민 오네코와 살고 있는 동생 페이스를 대하면서 "구역질나는 느낌"(sickening feeling)(227)을 느낀다. 이러한 호프의 모습은 메리가 호보목의 내면적인 고결함을 알면서도 주위의 이목을 생각할 때는 그와 결혼한 것에 대하여 수치감을 가지게 되는 것과 같이, 미원주민에 대한 사회의 편견이 진보적인 이들 여주인공에게도 내면화되어 있어 극복되기 어려운 것임을 보여준다.

호프의 한계는 결국 그녀가 속해있는 백인 사회의 한계이다. 그러한 사회에서는 원주민이 자신의 주체성과 자긍심을 지키며 설 자리가 없다. 매가위스카는 에버렐을 위하여 아버지의 칼 앞에 몸을 던져 불구가 되는 사고까지 겪었음에도 불구하고 그에 대한 연정을 접으며, 함께 살자는 호프와 에버렐의 청을 물리치고 어디론가 떠남으로서 궁극적으로 "사라지는 원주민"이라는 백인들의 욕망투사적 이미지로 마지막 결말을 맺는다. "원주민과 백인이 섞여서 하나가 될 수 없는 것은 낮과 밤이 그렇게 할 수 없는 것과 같다"(330)는 그녀의 마지막 말은 백인 주도적인 미국 국가 확립의 과정에서 원주민을 배제시켜 버리기 위한 백인들의 담론을 원주민의 목소리로 말하게 함으로써 백인들에게 윤리적인 면죄부까지도 부여하고 있다고 할 수 있다. 매가위스카의 마지막 모습은 호보목을 상기시켜주며, 그들이 향하는 곳이 미대륙의 어떤 구체적인 지명이 있는 곳이 아니라 이름없는 막연한 영역이라는 것은 사실상 미국 사회에서 그들이 자리잡을 수 있는 곳은 없으며 그들이 실질적으로 죽은 것과 다름없음을 나타낸다(Stadler 52). 결국 매가위스카는 백인이 주도하고 있는 역사와 사회에서 원주민이 어떻게 생존하고 백인과 관계를 맺으며 위치를 확보할 수 있는지에 대하여는 대안을 제시하지는 못하는 것이다.

그럼에도 불구하고 매가위스카는 원주민의 목소리를 억압하는 백인 지배 체제에 대하여, 그리고 증오와 복수의 원리가 지배하는 남성 지배 체제에 대하여 당당하게 대항하며 말하고 행동하는 능동적인 원주민 여인으로서 독자들에게 현실감과 공감을 함께 획득하고 있다. 인종과 성에서 소수인 하위 주체로서 매가위스카의 주체성을 강조하고 "그들 부족의 시인"으로서 그녀에게 목소리를 부여함으로써, 세즈윅은 원주민 탄압의 역사를 보는 또 다른 시각을 제시하여 그녀의 백인 독자들로 하여금 원주민에 대한 새로운 인식에 도달하도록 유도하면서, 당대에 격화되고 있는 억압적이고 비인간적인 원주민정책의 타당성에 대하여 강력한 의문을 제기하는 사명을 수행하였던 것이다.

III

『호프 레슬리』(Hope Leslie)는 1827년 발표되어, 차일드의 『호보목』(Hobomok)(1824), 쿠퍼의 『모히컨 족의 마지막 후예』(The Last of the Mohicans)(1826)와 짧은 시차를 두고 있으며, 이 세 작품은 모두 역사소설들로서 원주민을 주요한 소재로 하고 있다는 공통점을 가지고 있다. 이것은 이 시대의 미국이 정치 사회적으로 원주민 정책에서 극명한 갈등을 보이면서 이러한 갈등에 대하여 문단이 활발한 반응을 보였던 시기였다는 상황을 반영하고 있는 것으로 보인다.

이 당시는 비단 이 작품들뿐만 아니라 원주민을 주요 소재로 한 소설들이 많이 발표되었는데, 그것은 이 시대가 영토 확장에 열중하는 백인들과 원주민의 갈등이 심화되던 시기였고, 그에 따라 원주민에 대한 관심 또한 고조되고 있었기 때문이다. 디피(Dippie)는 1824년에서 1834년 사이에 출판된 40여 권의 소설에서 원주민이 다루어지고 있을 만큼 소위 "원주민 주제"가 유행하였다고 분석한 바 있는데(21), 전체적으로 볼 때 원주민에 대한 반감으로 인하여 원주민은 상당히 부정적으로 묘사되고 있다(Karcher 1994 153). 그러한 배경을 고려할 때 이들 세 작가는 공통적으로 원주민을 긍정적인 인물로 등장시켜 당대에 주요 쟁점이었던 원주민 문제를 전향적으로 탐색하면서 미국 건국의 이데올로기와 미국의 정체성을 점검하고 있다고 할 수 있다.

이들 세 작가는 동시대를 살았을 뿐만 아니라 구체적으로 서로 교류하며 그 작품 활동에서도 영향을 주고 받았다. 쿠퍼는 세즈윅의 작품 『뉴잉글랜드 이야기』(A Tale of New-England)의 사실주의를 찬양하는 비평을 게재하기도 하였고(Damon-Bach xxiv), 차일드는 세즈윅에게 그녀의 작품 『영예의 관』(The Coronal)을 헌정하였으며, 세즈윅과 쿠퍼는 개인적으로 친분이 있었으며 세즈윅과 차일드는 노예폐지운동에 대하여 서로 의견을 달리하여 갈등을 겪기도 하였다(Damon-Bach 290). 더욱이 세즈윅의 『호프 레슬리』는 쿠퍼의 『모히칸족의 마지막 후예』를 염두에 두고 쓰였고(Damon-Bach 11), 차일드는 그녀의 작품 『호보목』

의 도입부에서 가상의 저자를 통해 "나의 가장 허황된 희망, 가장 허황된 소망에서조차 월터 스콧 경이나 쿠퍼 씨에 의해 도달된 그 자랑스러운 정상이 보이기만 하는 곳까지라도 내가 갈 수 있다고 생각하지는 않는다(3)"라면서 겸손하지만 명확하게 『호보목』에서의 자신의 작업이 쿠퍼와 같은 영역에서 이루어지는 것임을 밝히고 있기도 하다.

차일드가 『호보목』에서 언급하고 있고 세즈윅이 『호프 레슬리』에서 의식하고 있으며 쿠퍼가 염두에 두고 있던 목표는 국민 문학의 확립이었으며, 그 목표는 원주민을 소재로 한 역사소설이라는 장르를 통하여 시도되었다. 그리고 『모히컨 족의 마지막 후예』, 『호보목』과 『호프 레슬리』는 공통적으로 시간적으로는 역사적 과거, 공간적으로는 백인 문화와 원주민 문화가 마주치는 변경, 그리고 플롯은 원주민과 백인의 상호작용과 갈등을 다루면서 특히 타인종간의 사랑을 그리고 있으며, 이렇게 역사속의 원주민을 백인과의 상호작용 속에서 다루면서 당대 사회가 겪고 있는 원주민과의 갈등을 둘러싼 국가 정체성의 문제를 점검하고 있는 것이다.

『호보목』과 『호프 레슬리』는 『모히컨 족의 마지막 후예』보다 시대를 조금 더 거슬러 올라가 17세기 정착 초기를 배경으로 한 역사소설이자 가정 로맨스이다. 차일드와 세즈윅은 17세기 건국기의 공적 역사인 청교도 역사 속에 묻혀 있었던 사적인 가정생활을 그리고 있지만, 그러나 이들의 가정은 사회의 다양한 담론들이 들어와 힘을 겨루고 영향력을 미치는 공간이며, 당대의 종교적, 사회적, 인종적 성적 갈등이 가족 내의 역학으로 변환되어 작용하고 있는 영역이다(Romero 391). 예컨대 『호보목』의 코넌트(Conant) 가정은 메리(Mary)의 아버지와 어머니가 결혼하는 과정에서 영국국교도인 어머니 집안과 청교도인 아버지의 갈등 때문에 어머니가 집과 절연하는 아픔을 겪었으며, 이제 여주인공 메리는 영국국교도 애인 찰스 브라운(Charles Brown)을 아버지가 받아들이지 않고 찰스 또한 아버지의 종교적 강요를 받아들이지 않음으로 해서 인생의 역정을 겪게 되는 것이다. 한편『호프 레슬리』에서도 여주인공 호프(Hope)의 어머니와 에버럴(Everell)의 아버지는 종교적 문제로 집안이 결혼을 허락하지 않아 각각 사랑 없는 결혼을 하여 살아왔던 것으로 설정되어 있다. 또한『호보목』의 가정이나『호프 레슬리』의 가정은 공통적으로 이러한 종교적 갈등 이외에도 다양한 사회적 계급의 사람들과 사회적 담화, 인종적 문제들이 교차하면서 가족 구성원들의 삶을 모양 짓고 있는 것으로 그려지고 있다.

자연을 배경으로 한『모히컨 족의 마지막 후예』와 가정을 배경으로 한『호보목』과『호프 레슬리』가 보이는 다른 차이점도 있다. 쿠퍼의 작품이 남성 인물들의 결정과 행위에 의해서 그 플롯이 진행되며 여성 인물인 코라와 앨리스(Alice)는 그러한 남성들에게 도움을 받고 보호를 받는 수동적인 인물들로 그려지고 있는데 반해, 이들 작품에서는 여성들이 주체적으로 결정과 행위를 해나가고 있다는 점이다. 배스케즈(Mark Vasquez)는『호보목』과 관련하여 "여성의 대화는 플롯을 진전시키는 반면 남성의 대화는 단지 주제를 재진술할 뿐이다"라고 지적하고 있는데(176), 메리뿐만 아니라 호프 레슬리와 원주민 여성 매가위스카는 모두 이야기의 중심이 되면서 사건을 주도해나가고 있다. 이 두 작품은 공히 그 제목을 작품 중 인물의 이름에서 따 왔는데,『호보목』에서는 제목에 비해 원주민 호보목의 역할이 미약하고 오히려 여주인공

메리 코넌트의 이야기가 부각되어 있어 그 중심인물들이 공통적으로 백인 여성들이라고 할 수 있는 것이다. 또한 이들의 정신적 여정에는 각각 호보목과 매가위스카라는 원주민과의 접촉이 중요한 역할을 한다. 이렇게 이 두 작품은 공통적으로 백인 여성주인공을 중심으로 하여 그들의 결혼과 인생을 그리면서, 당대에 주요한 쟁점이 되었던 미원주민의 문제를 다루고 있다고 할 수 있다.

『모히컨 족의 마지막 후예』가 그 결말에서 나쁜 원주민의 수장 마구아와 좋은 원주민의 마지막 후예 언카스, 그리고 혼혈여성 코라를 모두 제거하고 오직 미원주민의 사라짐을 애도하는 칭카치국의 모습만을 남긴 것에 비하면 『호보목』은 미원주민 문제를 다루는데 있어서 상당히 전향적이다. 백인이면서 사회적 신분도 높은 메리와 호보목의 결혼이 이루어지고 그들의 결혼 생활이 그려지며, 더욱이 당대에 큰 충격을 줄 수 있는바 혼혈 자손이 생겨난 것은 상당히 전복적인 일로서 받아들여질 수 있기 때문이다. 특히 메리와 그녀의 아들 리틀 호보목, 그리고 그들에 대한 편견 없이 그들과 교류하는 친구 샐리(Sally)와 그녀의 딸이 즐거운 시간을 함께 보내는 장면(137)은 인종간의 화합을 원리로 하는 미국의 미래의 청사진이라고 할 수도 있을 것이다.

이처럼 『모히컨 족의 마지막 후예』와 『호보목』을 비교해 볼 때 원주민에 대한 인식에 있어서 여성들이 남성들보다 더 부정적이라는 일반적이고 관습적인 인식이 유효한 것인지를 점검해볼 필요성이 대두된다. 마이어스(Sandra Myres)에 따르면 유럽의 여성들은 "화합할 수 없는 적"으로서 원주민들을 증오하고 두려워하는 것으로 일관적으로 묘사되어 왔으며, 남성들은 원주민을 죽이기를 원치 않으며 형제로서 함께 잘

지낼 수 있지만, 여성들을 두려움으로부터 보호하기 위하여 어쩔 수 없이 원주민을 적대시하여야 한다고 전제되어 왔다(37). 쿠퍼가 내티 범포(Natty Bumppo)와 칭카치국(Chingachgook)을 통해 보여준 것도 여성이 없는 세계에서 가능한 백인 남성과 원주민 남성의 형제애였던 것이다.

그러나 과연 이 시대의 남성과 여성이 마이어스가 정리하고 있는 방식으로 원주민에 대한 인식의 차이를 보여주고 있는가는 점검해 볼 필요는 있다. 우선 이 시기에 가장 많은 팔렸던 책 중의 하나는 원주민에게 납치되어 가서 결혼하여 살다가 노년에 백인사회로 돌아온 메리 제이미슨의 실화를 기록한 시버(James E. Seaver)의 『메리 제이미슨 부인의 인생 이야기』(A Narrative of the Life of Mrs. Mary Jemison, 1824)였다. 그런데 이 책에서 묘사된 제이미슨의 삶은 원주민을 보는 백인의 태도에 대한 일반적인 통념과는 달리 원주민과 원주민 문화에 대하여 극도로 호의적인 태도를 견지하고 있다. 이런 책이 그 어떤 책보다도 많이 팔린 당대의 베스트셀러였다는 사실은 원주민에 대하여 백인들이 상당히 관심을 가지고 있었으며 백인여성과 원주민 남성과의 친밀한 관계가 가능한 것임과 동시에 여성독자들을 다수 포함한 일반인들은 혼혈결혼에 대하여 심한 반감이나 혐오감을 가지고 있지는 않았음을 시사해주고 있다고 할 수 있다(Brown 137-151). 그렇다면 '원주민을 두려워하고 증오하는 여성'이라는 이미지 또한 '악마로서의 원주민'이라는 이미지처럼 실재하는 것이었기 보다는 현실적인 이유에서 그러한 이데올로기가 필요한 남성들에 의해서 개진되었을 가능성도 있는 것이다.

쿠퍼와 차일드와 세즈윅의 세 작품은 시간을 거슬러 올라가 건국 과정의 시대를 배경으로 하여 가장 미국적인 소재라고 추천되던 미원주민들을 다루면서 당대의 국가 구성과 이념의 문제를 점검하고 국가 문학의 지경을 개척하고 있다. 이들은 공통적으로 미원주민에게 많은 공감을 보이고 있으며 백인과 원주민, 혹은 백인으로 보였던 혼혈과 원주민의 사랑이 작품의 중심축을 이루면서 이러한 혼혈관계에 대한 작가들의 태도를 드러내주고 있는데, 여기에는 당대 사회가 가지고 있던 혼혈관계에 대한 거부감, 그리고 그 뒤에 숨어있는 미원주민에 대한 차별적 인식이 반영되어 있다. 그래서 언카스와 코라, 호보목과 메리, 매가위스카와 에버렐의 관계는 모두 사랑이라고 말하기에는 너무 미약하게 그려져 있으며, 그들의 결합은 여러 가지 방법으로 방지되거나 깨어지거나 혹은 부정적인 측면이 강조된다. 메리와 코라와 페이스의 경우 공통적으로 혼혈의 비밀이 밝혀질 때라든지 혼혈결혼의 생활은 지각과 이성, 의지 혹은 생명력 자체가 빠져나가는 것처럼 묘사된다. 그리고 이들의 결합은 외부적인 폭력이나 사건에 의해서 굴절이 되며, 이 원주민들은 백인에 대한 사랑의 감정의 결과로 엉카스의 죽음, 호보목의 유랑, 그리고 매가위스카의 불구와 같은 혹독한 댓가와 희생을 치루게 된다. 결론적으로 이 작품들에서 마지막에 남는 미원주민의 이미지는 '사라지는 원주민'이며 이들은 백인과 공존할 수 없어 미국의 미래에 합당한 자리를 부여받지 못하고 소외되고 배제되고 축출된다.

그러나 이러한 공통점에도 불구하고 이들 세 작품 사이에는 또한 의미있는 차이점이 존재한다. 쿠퍼의 세계가 미국의 자연이라는 배경과 로맨스라는 쟝르를 통해 신화적 차원으로 이동하고 있다면 차일드와 세즈윅의 역사는 가정의 영역으로 이동하고 있는 차이를 보인다. 그리고 이러한 이동은 그들이 다루고 있는 미원주민 등장인물에 대하여서도 마찬가지로 적용된다. 쿠퍼는 많은 비판을 받을 만큼 미원주민을 이상화하였으나 오히려 그러한 형상화가 미원주민의 문제를 현실적 차원에서 신화적 차원으로 이동시키며 원주민의 사라짐을 어떠한 섭리와도 같이 그려내면서 원주민들에 대한 백인들의 죄의식에 면죄부를 주는 기능을 하고 있다. 또한 동화정책에 대한 거부감과 동화에 뒤따라올 수밖에 없는 혼혈에 대한 강한 거부감을 엉카스와 코라의 이루어지지 않는 사랑을 통해서 드러냄으로써 결국 그의 세계에서는 순수함을 지키는 미원주민의 고립과 사라짐이 신화화되고 있다.

쿠퍼의 이러한 점에 비교한다면 차일드와 세즈윅은 원주민문제에 있어서 보다 진보적이었다고 할 수 있다. 차일드와 세즈윅은 공통적으로 갈등하고 분열된 국가에 화해와 중재 그리고 정의를 가져올 수 있는 힘으로 여성들의 역할을 기대하면서 가정이라는 영역속에서 미원주민과 여성과 남성의 역학 관계가 어떻게 중재와 정의와 용서를 가지고 오는가를 구체적으로 그려냄으로써 예술적 형상화에도 성공하고 있다. 더욱이 세즈윅은 독립적이고 지적인 여성원주민 매가위스카를 형상화하고, 그녀와 백인 여성 호프 레슬리의 연대관계를 통하여 당대의 미원주민 문제에 대한 보다 전향적인 관점을 피력하고 있으며, 로맨스와 결혼보다는 여성들끼리의 연대를 통한 새로운 사회형성의 가능성을 점검했던 것이다.

퍼슨(Leland Person)이 지적한 것처럼 연약한 백인 여성과 본성적으로 악한 원주민들로 구성된 쿠퍼의 소설들은 "백인 남성, 백인 여성

그리고 원주민이 이루는 삼각관계의 이중적으로 착취적인 관계를 상정하여 남성들이 가지고 있는 기사도적인 보호와 구출과 복수라는 환상을 강화할 뿐"(Castiglia 164)인 반면, 『호프 레슬리』에서는 원주민과 백인 여성이 연합하여 백인 남성의 통제에 맞서며 서로가 공감을 가지고 지원하는 공동체를 형성하고 있으며 『호보목』에서도 남성의 경직되고 분파적인 삶에 대응하는 원리로서 원주민, 자연, 그리고 여성들의 역할이 대두되었다. 그러나 세즈윅은 19세기 내내 어빙(Washington Irving), 쿠퍼와 함께 국민문학의 시조로서 평가되었고(Kelley xi) 차일드는 '공화국의 어머니'로 추앙받았음에도 불구하고 쿠퍼보다 오히려 더욱 진보적인 관점을 견지했던 이들 여성작가들이 결국 주류 문학으로 오르지 못하고 쿠퍼의 신화적 미원주민 재현이 국민문학의 정전으로 자리잡게 된 것은 바로 쿠퍼의 이상화되면서 현실적인 맥락을 가지지 않는 미원주민 재현이 미국 사회가 필요로 했던 이데올로기를 제공했기 때문이라고 할 수 있을 것이다.

미대륙의 사회와 문화, 역사와 문학에서 권력자였던 백인들은 현실적 차원에서 뿐만 아니라 모든 담화에서도 그들이 원하는 방식으로 미원주민이라는 타자를 개념화하였고 그 재현 속에서 미원주민은 고귀한 야만인 혹은 악마와 같이 잔혹한 원주민, 그리고 그 어느 경우에 있어서도 사라지는 원주민의 모습으로 귀결되게 된다. 엉카스와 호보목과 매가위스카는 고결한 원주민이면서도 그 고결함 때문에 결국은 사라지는 원주민으로 재현됨으로써 백인 독자들에게 감정적인 카타르시스와 현실문제로부터의 회피의 출구를 제공하는 기능을 하였다고 할 수 있다. 그럼에도 불구하고 그러한 결말을 향하는 과정에서 이 세 작가들은 각기 다른 문제의식과 다른 전망을 제시하였고, 그러한 차이가 바로 국가의 정체성을 점검하는 미국의 국가 문학으로서 미원주민의 형상화에 있어서 화해와 포용의 가능성의 차이로 변환되고 있는 것이다.

제 8 장

호손Nathaniel Hawthorne의 『주홍글자』와 『호보목』

차일드(Lydia Child)의 『호보목』과 호손(Nathaniel Hawthorne)의 『주홍글자』가 보이는 플롯 상의 유사점은 상당히 흥미롭다. 이 두 작품은 각기 서문을 통해 이 이야기가 청교도 시절에 씌어진 원고에 기반하고 있음을 밝힌다. 그리고 각 작품의 여주인공 메리(Mary Conant)와 헤스터(Hester Prynne)는 모두 영국에서 미국 보스턴으로 옮겨온 이민 일세대이다. 이들은 첫번째 사랑과 결혼에서 실패한다. 애인/남편이 죽었다고 가정하는 상태에서 메리는 원주민 호보목과 결혼을 하고 헤스터는 아버지가 밝혀지지 않은 딸을 출산하면서 청교도 사회에서 추방된다. 후에 애인과 남편이 각각 돌아오고 이들은 구세계를 선택할 기회를 거절하고 자신들의 과거를 안고 청교도사회에서 살아가며, 메리의 혼혈 아들 찰스(Charles Conant)와 헤스터의 딸 펄(Pearl)은 각각 영국과 유럽

대륙 어딘가에서 살아간다.

이 두 작품의 플롯에서 나타나는 이러한 유사점은 당대 문단의 현상들, 즉 역사소설 장르의 유행, 청교도 시대에 대한 관심, '진정한 여성성'과 국가 정체성 탐색 등을 이 두 작품이 그 공통분모로 하고 있는데서 어느 정도 설명될 수 있다. 이 두 작품은 우선 여성과 국가에 대한 기존의 담화와는 차별성을 가진 담화를 만들어낼 뿐만 아니라 작품 자체 내에서도 다양한 담화들이 어우러져 갈등하는 양상을 보인다. 거스먼(Gussman)은 "개인이 그의 국가적 정체성의 기반을 어디에 두고 있는가, 그리고 국민을 만드는 것은 무엇인가"라는 문제가 남북전쟁 이전 시대의 성, 인종, 국가에 관한 담화들에는 필수적인 문제였으며 역사소설들은 이러한 담화를 상충하는, 혹은 서로 모순되는 방식으로 구체화하고, 반영하고, 구축해나갔다고 주장한 바 있는데(62), 바로 이러한 현상이 이 두 작품 사이에서, 그리고 각 작품 내에서도 드러나고 있는 것이다.

이 두 작품들이 보여주는 국가와 국민, 그리고 여성에 대한 담화의 성격은 저자들이 보여주었던 정치적 성향과 비교하여 볼 때 더욱 흥미로워진다. 차일드는 여성으로서 19세기 미국 사회에 가장 강력한 영향을 끼쳤던 인물들 중의 하나로 귀족주의를 배격하며 노예제 폐지와 여성, 원주민 등의 인권신장을 위해 활동하였다. 그녀는 많은 여성잡지에 다양한 종류의 글들을 기고했으며, 문학, 특히 소설이 소녀들의 성격을 형성하고 여성들의 지성을 넓히고 강화시키는데 효과적인 것이라고 믿으며, "진정한 여성성"에 대하여 탐색하면서 "진리를 위한 예술"을 그녀의 기치로 삼았던 운동가였다(Baym 52, Karcher 1992 xiv). 반면 호손은 차일드에 비하면 훨씬 보수적인 성향을 가지고 있었으며, 당대에 사회를 휩쓸었던 노예제 문제에 침묵하며 여권운동에 대하여 보수적인 반감을 가지고 있었던 작가였다.

그렇다면 그들의 이러한 성향과 작품의 내용은 어떠한 모습으로 상호반영을 해주고 있는지 혹은 서로 상충되거나 모순되면서 또 다른 의미를 양산해 주는지를 작품을 중심으로 분석해보기로 하자.

I

『주홍글자』와『호보목』의 서문은 역사의식과 저자의 권위 문제에 있어서 흥미로운 공통점과 차이점을 보여준다. 이들 둘은 모두 자신의 이야기의 근거를 청교도 시대의 원고에 두고 있다. 『주홍글자』의 화자는 너무도 잘 알려진 서문 "세관"(The Custom House)을 통하여 그가 우연히 세관의 이층 구석방에서 발견하게 된 자료, 즉 낡은 주홍글자 A와 헤스터의 노년의 모습을 보면서 자란 노인들의 회고를 기록한 푸 검사관(Surveyor Pue)의 원고가 자신의 이야기의 근원임을 밝힌다. 『호보목』의 화자 또한 그가 우연히 입수하게 된 선조의 낡은 원고를 그의 이야기의 근거로 삼고 있다.

이들의 작업은 사적인 역사의 발굴이며, 역사의 문맥속에 놓인 개인의 삶을 통하여 과거를 진단하고 그 과거와 이어져있는 현재를 평가해보려는 총체적인 작업이기도 하다. 우선『호보목』의 화자는 후손에게 남겨진 청교도 시대의 역사가 "그들의 특징에 대한 대강의 개요"만을 알려줄 뿐이며, "사랑과 관련된 것들은 교회의 영역으로 가지고 들어오기에는 너무 경박하기에" "가정사의 다양한 색조는 역사의 서책을 감싸고 자란 담쟁이 넝쿨로 숨겨져 있다"고 말한다(53). 『호보목』의 화자는 원래 원고에서 발견되는 "히긴슨씨와 올드험씨, 그리고 그레이브씨 사이에 있었던 수많은 논쟁들"(57)은 생략하고 메리라는 한 여성과 그녀의 인생 역정에 초점을 맞춘다. 이러한 작업은 곧 청교도 시대의 공식역사에 가려져있던 또 다른 이야기, 그 역사에서 배제되고 소외되고 침묵당했던 구성원들을 복원시키고 목소리를 부여하는 작업이 되며 궁극적으로 메리와 호보목이라는 인물을 통해서 "역사와 종교와 문학을 지배했던 백인 가부장제의 행위와 언어를 여성과 원주민의 행위와 언어에 의해서 치환하는" 작업이 된다(Vasquez 173). 그리고 이것은 『주홍글자』가 헤스터라는 개인의 삶을 조명하는 것과 같이 미시적인 역사적 접근이면서 그 역사적 관심의 근본은 당대 저자가 살고 있는 사회에 대한 관심에 뿌리내리고 있는 것이다.

그런데 이처럼 이야기의 진실성을 강조하기 위하여 실존 원고에 기반하고 있음을 서문에서 주장하는 데 있어서는 이들 두 작품이 공통적인데 반하여, 이 원고를 편집하여 이야기를 생산해낸 저자의 권위를 확보하는 부분에서는 각기 다른 양상을 보인다. 『호보목』의 화자는 자신에게 프레드릭(Frederic)이라는 남성의 이름을 붙이고, 그나마 자신이 아닌 "한 미국인(2)"이라고만 밝혀진 자신의 친구가 『호보목』을 썼다고 주장한다. 즉, 서문에 따르자면 『호보목』은 "남성 청교도 선조"(6-7)의 원고를 기반으로 하여 남성 작가가 서술하고 그것을 화자인 프레드릭이 읽고 출판을 추진한 작품인 것이다. 이렇게 차일드가 저자의 권위를 "한 미국인" 남성의 세계로 이동시키고 있는데 반하여, 호손은 그와 반대로 엉클 샘에게 복속하는 미국인인 세관원에서 "어떤 다른 곳의 시민"(a citizen of somewhere else)(37)으로 저자의 위치를 이동시키고 있다.

이러한 대조적인 현상은 당대의 남녀 성 역할에 대한 구분과 문단의 여성화현상에 대한 두 작가의 상이한 반응의 결과인 동시에 이 작가들이 사회와 어느 정도의 거리와 유대관계를 상정하고 있는가를 보여주고 있다고 할 수 있다. 즉, 차일드는 작품의 근원을 남성원고, 남성작가, 남성편집자에게 둠으로써 여성주인공 메리의 혼혈결혼이라는 심각한 규범이탈이 가져다줄 수 있는 여성작가에 대한 비난의 가능성을 낮추고 있는 것이다. 반면 호손의 경우는 작가의 모습에서 세관원이라는 현실적인 직업인으로서의 남성성을 약화시키고 문학적 상상력을 부각시킴으로써 여성이 독자와 작가층을 점하던 당대의 문단 현실 속에서 독자와의 공감대를 넓히려고 시도하고 있다고 볼 수 있겠다. 또한 차일드가 여러 가지 분야에서 활발하게 사회운동가로 활동하였던 "한 미국인"이었던 반면에 호손은 사회와 심리적이고 의식적인 거리를 두고 있음을 두 작품의 화자의 위치가 드러내주고 있다고 하겠다. 그렇다면 이러한 두 작가의 성적인 차이와 사회의식의 차이가 각 작품 속에서 어떠한 양상으로 표현되는가를 살펴보는 것은 흥미로운 일이 아닐 수 없다.

II

베임(Nina Baym)에 따르자면, 1820년대에서 1870년대 사이의 여성소설들에는 중심적인 플롯이 있는데 그것은 젊은 여성이 그들의 힘을 발견하고 그것을 주장하며 그럼으로써 적대적이고 무관심한 사회로부터 존경과 인정을 받는다는 것이며, 그러한 이야기는 당대 주요 독자층이었던 많은 미국여성들에게 큰 즐거움을 주었다(12). 그런데 『호보목』의 메리와 『주홍글자』의 헤스터의 이야기는 그러한 플롯과 상당히 다른 양상을 보이고 있다. 메리가 원주민과의 혼혈결혼이라는 규범 이탈을 하는 순간은 메리가 자신 내부의 어떤 힘을 발견하였다거나 그것을 주장한 것이라기보다는 절망적 상황 때문에 이성을 잃은 상태에서 이루어진 것으로 그려져 있으며, 그녀는 후에 자신의 행동에 대한 후회와 수치감을 드러내고 있다. 또한 메리는 그러한 이탈 후에 사회로 다시 받아들여지지만, 그녀의 공동체가 그녀의 이탈을 인정하거나 존중했다는 언급은 없으며, 오히려 그러한 과거를 본인이나 가족들 모두 망각하려고 노력하는 것으로 나타난다. 헤스터의 경우는 결말에서 사회로부터 존경과 인정을 받지만, 그것은 그녀가 자신의 힘을 발견하고 주장했기 때문이라기보다는 그 힘을 제어하고 견인하며 나름의 방식대로 사회의 규범에 맞추었기 때문이라고 할 수 있다.

따라서 이들 두 작품에서 공통적으로 드러나는 것은 베임이 지적했던 당대 여성소설의 특징인 여성의 힘이 아니라 오히려 이들의 삶을 강력하게 통제하는 공동체의 힘인데, 이 공동체는 곧 청교도적 이데올로기로 움직이고 있는 공동체이다. 메리의 아버지는 감정을 극도로 억제하며 교리만을 중시여기는 청교도로서 메리와 사랑을 나누고 있는 찰스 브라운(Charles Brown)이 영국 국교도라는 이유만으로 그들의 결혼을 반대하며 메리를 억압한다. 찰스와의 결혼이 좌절되고, 그가 죽었다는 소식을 들은 메리는 절망속에서 호보목과 결혼하고 아버지와 청교도 공동체를 떠난다. 헤스터는 청교도의 도덕적 수호자 딤즈데일과 비밀스러운 관계를 맺은 것이 발각된 후, 자신이 그 수치스러운 비밀을 보호해주고 있는 청교도의 도덕적 규범에 의해서 수치와 추방을 당하고 소외속에 인생을 보내게 된다.

메리의 혼혈결혼과 헤스터의 비밀스러운 사랑은 청교도 규범에 대한 전면적인 도전이다. 그리고 구성원들의 의식과 삶을 모양지워온 공동체의 규범은 이들 일탈자들에게도 다양한 방식으로 작용하며 이들의 소외된 삶에 영향을 끼치고, 궁극적으로 이들은 공동체로 복귀하는 과정을 겪는다. 그렇다면 공동체의 규범과 개인의 자유는 어떠한 관계를 맺고 있으며 맺어야 하는가? 규범을 어긴 개인에 대한 공동체의 처벌과 포용은 어떻게 정당화되는가? 공동체가 받아들일 수 있는 것과 받아들일 수 없는 것의 경계는 어디에 있는가? 이러한 문제들은 바로 이 두 작품이 함께 제기하고 있는 문제이며, 작품이 다루고 있는 17세기의 한 여성의 삶의 이야기를 너머서 자유와 평등을 찾아온 사람들이 건설한 미국이라는 국가가 그 구성원과 맺었던 관계가 가진 문제이며, 나아가 작품이 쓰여진 19세기가 당면한 다양한 갈등속에서의 국가 정체성의 확립이라는 과제와 연결되는 것이다.

이러한 문제를 탐색하는데 있어서 두 작품이 공통적으로 여성을 주인공으로 삼은 것은 당대의 여성소설의 유행이라는 현상적 해석 이외에 다른 의미들도 있는 것으로 보인다. 먼저 공동체와 개인의 자유를 대조하기 위해서는 공동체의 운영에서 배제되어 소위 사적인 영역에 감금되어 있는 여성을 개인의 대표로서 삼는 것이 보다 효과적인 전략이라고 할 수 있다. 여성은 남성 중심의 공동체에 의해서 통제되고 억눌려온 타자였고, 공적인 영역으로 진입할 기회를 박탈당한 채 남성 중심의 담화들에 의해서 사고하고 느끼고 행동하도록 강요받아왔다. 그리고 이러한 주변적 존재로서 자리잡고 있기 때문에 여성은 공동체와 개인의 자유라는 문제를 탐색할 때 그 갈등을 보다 부각시킬 수 있는 집단이었다고 할 수 있다.

전통적으로 여성을 논리나 이성과 반하는 감성이나 직관과 연결시키는 사고방식도 여성을 청교도 공동체에 반기를 드는 개인의 대표로 삼는데 영향을 끼쳤을 것이다. 남성과 여성의 차이는 곧 지성과 감성, 머리와 마음의 차이였으며, 여성성은 곧 감성을 의미했는데(Welter 76), 그런 의미에서 감정을 극도로 억누르고 죄악시하던 청교도 공동체 규범의 대립항으로서 여성을 놓는 것은 유효한 전략이 될 수 있었을 것이다.

또한 이 두 작품이 모두 여성의 성적인 규범 이탈을 그 소재로 삼은 것은 당대의 담화에서 여성의 몸이 가지는 상징적인 의미에 대한 반응이라고도 할 수 있을 것이다. 이 당시 여성에 관련된 담화들은 여성을 가정의 영역으로 가두어두면서 혹은 가두어두기 위해 가정을 성역화하였고, 아내와 어머니로서의 여성의 역할은 세속적 시장의 논리가 침범하는 것에 대항하는 도덕적 요새의 역할로서 도덕적 우위를 지니고 있는 것으로 간주되며 궁극적으로 여성의 몸은 상징적인 미국과도 같은 것으로서 여겨졌다(Castiglia 8-9). 18세기로부터 이어져 내려온 "공화국의 어머니 역할"(Republican Motherhood)은 여성을 국가의 미덕과 정체성의 기반이자 최후의 수호자로 떠받들었으며, 19세기 문화의 주요 개념이었던 "진정한 여성성"(true womanhood)은 경건, 순결, 순종,

가정성을 그 자질로 정의하면서 여성들에게 그 구체적인 미덕을 제시하였다. 이러한 자질들을 거스르는 사람은 곧 하나님과 문명과 공화국의 적으로 간주되었고(Welter 21), 여성들의 성적 일탈은 미국이라는 공동체 내에서 보다 심각하고 근본적인 위협으로 해석되었다. 따라서 공동체와 개인의 자유의 문제, 그리고 그러한 개인에 대한 공동체의 처벌과 포용의 문제를 탐색하는데 있어서 여성 주인공과 그들의 성적인 규범이탈의 이야기는 19세기 담화내에서 적절한 심각성과 상징성을 부여해주었다고 할 수 있다.

미국이라는 국가의 역사적 원형이자 미국의 정체성의 원천이라고 할 수 있는 초기 청교도 사회에 대하여 의문을 제기하는 것으로 이 두 작품은 시작된다. 『주홍글자』의 유명한 첫 구절은 신대륙에도 어김없이 필요한 감옥과 묘지의 존재에 대한 것이며, 『호보목』의 화자는 뉴잉글랜드를 두번째 가나안이라고 해야할지 "수많은 종파와 지배하려는 광신"(7)의 무대라고 해야할지 모르겠다고 하면서 결국 자신이 판단이 후자와 유사하다는 것을 드러내고 있다. 낙원이라는 이데올로기 뒤에 있는 감옥과 묘지, 교리 싸움과 억압의 현실 속에서 메리와 헤스터 두 여성은 사회 규범을 벗어난 그들의 사랑과 선택 때문에 공동체와의 갈등 관계에 들어가게 되는 것이다.

여성은 청교도 공동체의 내부에 위치해 있으면서도 또한 그 사회의 이데올로기에 의하여 배척당하는 집단이었다. 메리의 아버지 코넌트(Conant)는 여성을 곧 악의 근원이라고 생각하며, "그들(여성들)은 이 세상에 존재하는 모든 악의 근원이다. 나는 이브가 심은 죄악의 커다란 나무만을 특별히 일컫는 것이 아니라, 그날 이후로 이제까지 생겨난 모든 가지와 봉우리의 각각의 근원이라는 것을 말하는 것이다"(25)라고 말한다. 『주홍글자』의 청교도 교부들 또한 여성들을 억압하며 여성을 죄악과 보다 가까운 집단으로 간주하는데 있어서는 코넌트의 견해와 다름이 없다.

이러한 청교도 공동체 내에서 메리와 헤스터의 문제는 여성의 문제에 그치치 않고 억압받는 소수자 집단의 문제로 확장될 수 있으며 또한 이들 작품에서도 그렇게 의도되고 있다. 차일드는 일생동안 귀족주의에 맞서서 원주민, 여성, 노예 등 소수약자의 권리를 신장하는데 힘썼는데(Kenschaft 22, 40-59, 67-69), 이 작품 『호보목』에서는 코넌트가 대표하는바 청교도 가부장제에 대항하여 메리, 호보목, 그리고 영국교도 찰스가 연대하는 것을 볼 수 있다. 편협한 코넌트에게는 "비순응주의자와 교회구성원으로서가 아니라 같은 기독교인들"(76)로서 화해하기를 원하는 찰스와 같은 성공회교도나 백인우호적인 원주민이라도 단지 적그리스도(43)와 같은 존재일 뿐이다. 『주홍글자』에서는 처형대를 보여주면서, 그곳에 서게 되는 사람들을 "게으른 노예나, 불효한 자식이나, 도덕률 폐기론자, 퀘이커 교도나 이단 종교 신봉자, 부랑원주민, 마녀"(40)라고 나열함으로써 청교도 사회의 규범에 따르지 않는 집단들, 청교도 사회를 위협하기 때문에 처형할 필요가 있는 집단들을 보여준다. 벨(Michael Bell)은 뉴잉글랜드의 역사소설의 주요 주제가 청교도와 외적인 억압과의 갈등이 아니라 청교도 내부의 억압의 세력과 자유의 세력들 사이의 투쟁이라고 지적한 바 있는데(159), 헤스터가 서게되는 처형대는 청교도 외부뿐만이 아니라 그들 내부에서 일어나는 규범 일탈의 세력들에 대하여 가하는 억압의 상징인 것이다.

『호보목』과 『주홍글자』에서 공통적으로 찾아볼 수 있는 공동체와 개인, 청교도적 규범과 개인의 선택의 자유라는 대립항은 또한 남성과 여성, 이성과 감정, 문명과 자연의 대립으로 표현되기도 하며 공간적으로는 마을과 숲의 대립으로 변형되어 드러난다. 그리고 그 결과로 여성, 감정, 자연, 숲의 연계가 생겨나며 그 연결은 원주민과 예술까지 포섭하며 확장되기도 한다. 우선 헤스터와 메리 등 여성인물들에게서는 남성의 이성에 대조되는 감성이 강조된다. 화자가 가장 먼저 메리를 만났을 때 대화에 열중하는 그녀의 모습이나, 병약한 어머니에 대한 세심한 보살핌이나 할아버지에게 보내는 편지 등에서 드러나는바 그녀의 인간관계에서는 다정다감하고 감성적인 모습이 강조되며 이러한 감성의 측면은 찰스에 대한 열정적인 사랑이나 그것이 좌절되었을 때의 극단적인 반응들로도 표현된다. 한편 헤스터 역시 감성과 정열을 품고 있으며, 이는 딤즈데일과의 관계나 펄에 대한 애정 등을 통하여 표출되고 있다.

남성들이 이끄는 공동체 원리로서의 이성에 대항하여 여성들이 감성의 원리를 구현하고 있다면, 또한 여성들은 공동체가 대표하는바 문명과 대조되는 자연과 밀접한 연관을 가지고 묘사된다. 허조그(Herzog)는 호손의 작품 속에서 이상주의적이고 파우스트적이고 과학에 사로잡힌 남성이 여성의 지상성(earthliness)을 받아들이지 않고 여성에 대해 자연스럽지 못한 힘을 사용하여 통제하려 하는 욕구를 찾아볼 수 있다고 지적하고 있는데(3), 『호보목』과 『주홍글자』에서는 이러한 자연의 환유로서의 여성이 신성과 보다 직접적으로 교감하며 문명에 가려지지 않은 인간 본연의 성정을 소유하고 있는 것으로 그려지고 있다. 청교도들이 "하나님이 창조를 통하여 그의 위엄과 권능을 선포하시러 보내신 그 강력한 사도들인 수많은 별들"(91)에 대하여 무심한데 비하여 메리는 "하나님의 도서관이자 그가 쓰신 최초의 성경"(76)인 자연과 교감하며 충만함을 느낀다. 헤스터와 딤즈데일이 숲속에서 재회하는 순간은 헤스터가 진정한 여성성을 회복하는 순간이며(145) 이 순간 자연 또한 인간과 완전하게 교감하는 것으로 그려지고 있다(146).

이처럼 여성은 자연과 연관되며, 본성적으로 남성보다 문명에 의해서 덜 왜곡되어 있다. 남성은 자연에 대한 궁극적인 통제를 얻기 위해 애쓰지만 여성은 자연과 조화되어 살기 때문이다. 또한 여성은 자연을 통해 원주민과도 연결된다. "비록 지력은 어두워져 있지만, 하나님의 보좌로부터 나오는 빛이 있어, 애정의 평화로움과 순수함 속으로 들어와 인간의 무지에 부드러운 광채를 비추어준다. 하나님의 말씀을 읽은 적은 없었지만 그는 멀리 울리는 천둥소리 속에서 그의 마차 바퀴소리를 들었고, 구름 속에서 그의 휘장을 보았다"(35)는 구절에서처럼 『호보목』에서의 원주민은 자연을 통하여 신성을 체험하고 있는 존재들이라는 점에서 여성과 공통점을 가지고 있다. 한편 호손의 경우는 원주민에 대한 이중적인 태도를 보이는데 그 양상이 흥미롭다. 우선 호손에게 원주민은 악의 세력과 연관되어 있다. 『주홍글자』의 경우 실지로 등장하는 유일한 원주민은 오랜 유랑 생활을 마치고 돌아온 칠링워스를 수행하듯이 따라다니고 있는 인물이다. 그림자처럼 칠링워스를 따라다니는 이 원주민은 마치 사람에게 들러붙어 그의 정신세계를 지배하는 악령과도 같이 그려져 악의 상징으로 기능하고 있으며, 원주민들로부터 배운 것으로 알려진 칠링워스의 약초에 대한 지식도 마치 악한 마법처럼 그려지고 있다.

그의 단편 "영 굿맨 브라운"(Young Goodman Brown)에서 악마의 축제에 참여하기 위해 길을 떠난 영 굿맨 브라운의 의식 속에서도 원주민은 악마와 연관되어 있다. 마치 인간의 죄성(sinfulness)이 홀로 자신의 내면에서 감지하는 은밀한 것이면서도 동시에 인류 공통적인 것이듯이, 브라운이 가고 있는 어두운 밤의 숲길은 너무나 고적하지만 또한 숲속 곳곳에 많은 이들이 숨어있는 것처럼 느껴진다. 이때 브라운은 "나무마다 악마같은 원주민이 있을지도 몰라"(2130)라며 두려워하는데, 이 말의 아이러니는 브라운이 아내 믿음(Faith)이 있는 집을 떠나 길을 떠난 것이 악마를 만나 그의 축제에 참여하기 위해서라는 사실에서 나온다. "악마가 바로 내 뒤에 있은들 어때"(2130)라며 두려움 속에서 허세를 부리자마자 나타나는 악마의 정체를 짐작하면서도 브라운은 그가 이끄는 대로 숲으로 더욱 깊숙이 들어가게 되며, 거기서 자신의 아내 페이스마저도 악마의 축제에 참여하고 있는 것을 보고는 그가 두려워하던 '악마같은 원주민'보다도 더 끔찍한 인간의 본성을 자신의 내면과 인간 모두의 내면에서 확인하고 절망속에 절규한다.

> "하 하 하ㅡ" 바람이 그를 비웃었을 때 굿맨 브라운이 외쳤다. "누가 제일 크게 웃는지 들어보자! 너의 악마짓으로 나를 겁줄 생각은 하지도 마라! 마녀도 오고, 마법사도 오고 원주민 주술사도 오고, 악마도 직접 오라 그래! 여기 굿맨 브라운이 나간다. 그가 너를 무서워하는 것 만큼이나 너도 그를 무서워해야 할 걸."

> "Ha! ha! ha!" roared Goodman Brown, when the wind laughed at him. "Let us hear which will laugh loudest! Think not to frighten me with your deviltry! Come witch, come wizard, come Indian powwow, come

devil himself! and here comes Goodman Brown. You may as well fear him as he fears you!" (2134)

여기서 악마의 집단에 나열되는 마녀, 마법사, 원주민 주술사는 뒤로 갈수록 그 본성에 있어서도 악마와 근접해지는 듯한데, 그것은 "영국의 마법 세계가 하는 것보다 더 끔찍한 주문으로 그들이 태어난 숲을 겁에 질리게 했던 원주민 주술사도 그들 사이에 있었다"(2135)라는 구절에서도 확인된다. 즉, 원주민과 악마적 특성을 연관시키는 관점은 주술의 세계에서 조차도 원주민 주술사가 영국의 마법사보다 더 악마같으리라는 생각으로 연결되고 있는 것이다.

이처럼 "영 굿맨 브라운"에서 원주민이 등장하지 않으면서도 비유와 언급 등에서 원주민 이미지가 계속 나오는 것처럼, 『주홍글자』에서도 칠링워스의 동반자로 등장하는 원주민 외에는 다른 등장인물이 없지만 작품 전반에 걸쳐 원주민에 관한 비유가 지속적으로 사용되기 때문에 그 존재감은 상당히 크다고 할 수 있다. 그런데 『주홍글자』에서는 원주민의 이미지가 보다 긍정적으로 사용되고 있음을 볼 수 있다. 우선 호손의 여성인물들이 가진 원시적 활력은 종종 동양, 지중해, 혹은 원주민이나 다른 인종들과의 연관을 가지고 상징화되고 있는데(Herzog 3), 원주민은 헤스터가 보유하고 있는 원시적 생명력과 활력의 상징이면서, 또한 청교도적인 도덕률이 통제하지 못하는 인간의 심연을 상징하기도 한다. "그녀는 본성적으로 풍부하고 관능적이고 동양적인 특성, 눈부시게 아름다운 것을 좋아하는 취향을 가졌다"(64)라든지 "지성과 감성은 소위 황무지와 같은 곳에 그 둥지를 틀었고, 원주민이 그의 숲속을 돌아다니듯이 그녀도 그곳을 휩쓸아 다녔고"(199)라는 비유들을 통해 헤스터는 일종의 백인 원주민으로 설정되며(Herzog 15), "그녀는 자신에게 열려있는 어둡고 불가해한 숲으로 가는 통행증을 가졌다. 그 곳에서는 그녀를 비난하는 법과는 다른 관습과 다른 삶을 가지고 있는 사람들하고 그녀의 천성적 야성이 섞일 수도 있을 것이다"(61)라는 구절에서처럼 원주민과의 유사성이 지속적으로 강조되고 있던 것이다. 헤스터에게 제시되었던 상징적인 가능성 즉, 원주민과 숲의 세계로 도피하는 가능성을 현실속에서 문자 그대로 실천했던 인물이 바로 『호보목』에서의 메리이며, 그러한 실험에서 그녀는 편협한 청교도사회보다는 오히려 원주민 호보목이 그녀를 보다 잘 이해하며 그녀와 유대할 수 있음을 발견하게 된다.

공공연히 자신이 "만들어진 것이 아니라 감옥 옆에 자라는 야생장미넝쿨에서 엄마가 뽑아온 것"(83)이라고 말하며 야생성을 스스로가 공언하는 헤스터의 딸 펄(Pearl)은 헤스터의 길들여지지 않은 본성의 산물로서 그려진다(Herzog 10). "어머니와 같은 숲과 그것이 길러낸 그 모든 야생의 것들은 이 어린 아이 내부에서 자신들과 동질적인 야성을 알아보았다"(147)라든지, "축제일에 펄이 달려가 야성의 원주민의 얼굴을 들여다보면, 그는 자신의 본성보다도 더 야성적인 그녀의 본성을 의식하게 되었다"(173)는 구절들은 모두 펄의 야성을, 그리고 그녀와 원주민과의 연관성을 강조하고 있다.

특이한 것은 『호보목』에서 원주민 호보목이 또한 예술과 연결되며, 그래서 이들은 아이러니컬하게도 찰스가 대표하는 예술과 문화의 세계인 구세계와도 연결되었다는 점이다. 즉 원주민과 구세계는 모두 예술을 적대시하고 감성을 억누르는 초기 청교도사회와 대조적으로 인간의 상상력과 감성에 중심을 두는 여유로움을 확보한 세계인 셈이다. 메리는 예술적 문화유산이 있었던 고국 영국을 그리워하며, 그녀에게 찰스는 바로 이러한 예술과 문화의 전통적 세계를 상징해주는 존재로 부각되고 있다. 헤스터가 가진 "풍부하고, 관능적이고, 동양적인 특성, 눈부시게 아름다운 것을 좋아하는 취향"(64)은 곧 펄의 화려한 옷과 헤스터의 뛰어난 수예솜씨로 표현되면서 "점잖은 색깔의 공동체"(185)와 대조되는 원주민적이거나 이국적 취향과 예술적 특성이 연결되고 있다.

한편 원주민과 자연이 상징하는바 문명과 이성과 규율이 닿지 않는 영역의 공간적 비유는 숲으로 나타난다. "결코 인간의 법에 예속되지 않고 더 고차원적인 진리에 의해 계몽된 적도 없는 야성의 미개한 본성을 가진 숲"(145-46)은 곧 원주민의 이미지와 동일시된다. 헤스터와 메리는 그들이 속한 사회규범을 어겼기 때문에 사회로부터 소외되는데, 그들의 소외는 모두 마을에서 나와 헤스터는 "바다를 사이에 두고 나무가 울창한 야산을 바라보고 있는 해변의 오두막집"(62)에, 그리고 메리는 원주민 거주구역과 백인 거주구역 사이의 숲속에 그 거주지를 정하는 것으로 표현된다. 헤스터의 "지성과 감성은 소위 황무지와 같은 곳에 그 둥지를 틀었고, 그곳에서 그녀는 원주민이 그의 숲속을 돌아다니듯이 그녀도 그곳을 휘몰아 다녔고"(143) 숲은 "그녀가 그토록 오랫동안 헤매고 다녔던 도덕적 황야"(143)의 상징이기도 하다. 메리에게도 숲의 생활은 마을이 부과하는 규율에 대한 그녀의 항거의 상징이 되며 또한 그들이 그녀에게 보내는 수치와 처벌을 벗어나는 자유와 안식의 공간이기도 하다.

이렇게 호손의 작품 속에서나 혹은 청교도의 관점에서 숲은 악마의 영역, 어둠의 영역, 원주민들의 영역으로 상징화되기도 하였지만, 궁극적으로 헤스터와 메리는 이 숲속에서 문명과 규율을 벗어난 삶의 자유를 누리며 절망에서 벗어나 희망과 기쁨을 발견한다고 할 수 있다. 허조그는 이러한 지역을 "문명의 거친 끝"이라고 일컬었는데(7), 바로 이 문명의 거친 끝에서 문명의 본질에 대한 의문제기와 대안의 탐색이 일어나고 있는 것이다.

III

『호보목』과 『주홍글자』는 초기 청교도 공동체가 상징하는 바 미국이라는 국가정체성의 범주에서 여성, 감정, 자연, 숲, 원주민, 예술과 같은 요소들이 배제되어 왔음을 그려내고 있다. 미국이라는 국가의 경계선에 선 여성 주인공의 운명은 곧 그녀와 연결된 이러한 억압받는 개념들이 그것을 억압하는 국가의 정치·사회·문화적 정체성에서 어떻게 포용되거나 배제되는가를 보여준다고 하겠다. 작가 차일드와 호손의 공감이 편협하고 억압적이고 배타적인 가부장적 청교도 사회에 있지 않다는 것은 작품에서 분명하게 드러나고 있지만, 그러한 사회와 개인이 어떤 관계를 맺고 있는가 혹은 어떤 관계를 맺어야 하는가에 대한 그들의 관점은 다른 양상을 보이고 있다.

두 작품은 모두 작품의 말미에서 청교도 사회의 성적인 규범을 이탈한 여주인공들을 그들을 억압해온 청교도 사회에 복귀시킨다. 그들은 구세계로 돌아갈 기회가 주어짐에도 불구하고 그들의 뿌리를 신세계에 내리기로 선택하는 것이다. 헤스터는 펄과 함께 뉴잉글랜드를 떠났다가 펄을 유럽세계에 남기고 홀로 다시 돌아와 주홍글자를 달고 봉사의 삶을 재개한다. 한편 함께 영국으로 돌아가자는 찰스의 제의에 대하여 메리는 "나는 영국으로 떠날 수 없어요. 내 아들이 나를 불명예스럽게 할 것이고, 나는 그 애를 결코 버릴 수가 없어요. 왜냐하면 그 아이를 사랑하는 것만이 내가 감사의 빚을 갚는 길이니까요"(148)라고 말하며 청교도 사회에 남는다. 이 두 여성은 청교도사회와 구세계 중에서 자신의 뿌리를 신세계에 내리기로 선택을 한 것이다. 이러한 선택은 이들이 자신을 억압하는 청교도 사회와 어떠한 방식으로든지 화해하고 있음을 보여주며, 이들의 화해를 통해 작가들은 국가의 정체성과 개인의 자유와의 관계를 정립해보고 있다.

　　메리의 경우 그녀의 회귀에는 우선 호보목의 희생이 전제가 된다. 죽은 줄로만 알았던 찰스가 돌아오자 호보목은 자기에게 주어진 여러 선택들을 포기하고 아내와 아이와 삶의 터전을 뒤로 하고 조용히 떠남으로써 메리를 자유롭게 해준다. 찰스는 원주민과 결혼하여 아들이 딸린 메리를 아내로 맞으며, 메리의 아버지는 메리와 찰스를 인정하고 받아들인다. 이들 가족은 작품 초기의 갈등이었던 찰스와 코넌트씨의 종교적 갈등이 메리에 대한 사랑이라는 매개를 통해서 어느 한쪽의 억압이나 굴복없이 조화되는 양상을 보여준다. 즉, 결말 부분에서 메리가 얻게 되는 행복은 호보목의 희생, 비관습적인 결혼에 대한 찰스의 수용, 그리고 아버지의 용서라는 세 남자의 행위가 가져다주는 결과이다. 이렇게 메리의 규범 이탈은 남성사회의 관용에 의해서 화해에 이르는 것이다. 호보목과의 결혼이라는 규범 이탈 과정 또한 그녀의 독립적인 선택과 행위가 아니라 절망 때문에 이성과 삶의 의지를 잃은 상태에서 충동적으로 이루어진 것이 강조되는 것을 돌이켜보면, 그녀의 회귀과정이 이처럼 수동적으로 이루어지는 것은 저자의 여성상과 연관이 있다고 판단할 수 있을 것이다. 차일드가 여성인권 신장을 위해서 헌신했으면서도, 여성인물의 주체성과 독립성을 강조하기보다는 화해의 동인으로 남성들의 관용과 공동체의 포용력을 내세운 것은 여성문제에 대한 그녀의 인식의 한계와 함께, 또한 그러한 능력을 갖춘 공동체에 대한 믿음을 드러내고 있다고 하겠다.

한편 헤스터를 통해서 호손은 공동체의 규범과 개인의 자유의 화해 가능성에 대하여 보다 유보적인 입장을 표명하는 것으로 보인다. 헤스터는 유럽으로부터 돌아옴으로써 청교도 사회에 내린 자신의 뿌리를 인정한다. 그러나 그녀는 마을의 내부가 아니라 이전에 그녀가 살았던 "마을의 끝 어귀, 다른 집하고 거리를 둔"(62) 해변의 오두막집에 다시 정착한다. 벨은 결혼이 새로운 문명의 최종적 상징과 같은 것이라고 했는데(183), 『주홍글자』에서는 『호보목』과 같은 결혼을 통한 복귀와 화해가 보이지 않는다. 펄의 결혼은 유럽에서 일어나는 것이고, 그것도 정황과 소문을 통해서만 희미하게 암시될 뿐이다.

고통받는 여성들에게 헤스터는 "더 좋은 때가 오면, 이 세상이 받아들일 준비가 되었을 때, 상호 행복이라는 보다 공고한 기반 위에서 남성과 여성의 모든 관계를 정립하기 위한 새로운 진리가 계시될 것이다"(185)라고 위로한다. 그러나 그러한 세계가 너무도 막연하게 그려져 있기에 그 실현 가능성은 희박하게 보이고, 그렇기에 그것은 미래에 대한 희망이라기 보다는 현재에 대한 판단을 담고 있는 진술이라고 보인다. 즉, 호손에게는 청교도 공동체나 혹은 미국의 국가 정체성이 이러한 약속을 이루어낼 수 있는 가능성에 회의적이었던 것으로 보인다.

메리와 헤스터는 둘다 "진정한 여성성"이라는 공동체가 요구하는 규범을 깨뜨린 여인들이다. 그러나 메리는 그러한 규범 이탈로 헤스터만큼 많은 것을 잃지 않는다. 그렇기에 거스만(Deborah Gussman)은 메리가 호보목과 결혼함으로써 오히려 자신의 정체성을 잃는 것을 피할 수 있었으며, 결혼생활에서 보다 많은 자율성과 권위를 획득한다고 주장하기도 한다(68). 그러나 앞에서 언급한 것처럼 메리는 자신의 이탈과 복귀에 대한 주체적 의식과 독립적 행위가 결여되어 있으며 실지로 거스만의 주장하듯이 그 결혼을 통해 자율성과 권위를 획득한다는 증거는 보이지 않는다. 오히려 호보목과 메리의 결혼생활에서 메리는 그녀에 대한 호보목의 배려를 수동적으로 받아들이는 것으로 그려지고 있다. 거스만은 또한 메리가 자신의 규범 이탈을 후회하거나 사죄하지 않으며 궁극적으로 그녀를 정죄하는 사회의 규범을 스스로 내면화하지 않는다는 점에 있어서 전복적이라고 주장한다(76). 그러나 메리는 호보목과의 결혼생활동안 수치심에서 친구 샐리의 방문을 거부하기도 하고 (136), "그녀는 자신의 나라가 자신을 품위를 저버린 타락한 사람으로 취급한다는 것을 알았다. 그리고 훨씬 더 끔찍한 일은 그녀 자신의 마음도 그러한 비난에 대해 동감하고 있는 것이었다"(135)라는 구절이나 후에 돌아온 찰스에 대한 태도에서 드러나듯이 당대의 규범적 문화를 어겼던 것을 후회하고 있음을 분명히 하고 있다.

결국 차일드는 메리의 이탈과 복귀를 통해서 자주적이고 독립적인 여성을 그리고 있다기보다는 미국이라는 국가가 메리가 대표하는바 여성, 그리고 그와 연관된 여러 가지 억압되는 개념들에 대하여 보다 포용적이 될 것을 제안하고 있는 것이다. 메리의 사회복귀는 여성의 순응이나 주체적인 항거가 아니라 사회의 변화와 포용때문임을 강조하고 있는 것은 사회에 대한 낙관적인 믿음을 보여주고 있다고 할 수 있다. 성적인 규범을 이탈한 여성을 사회로 복귀시킴으로서 차일드는 메리가 미국이라는 국가의 구성원으로 편입될 수 있는 것은 그녀가 도덕적이고 이성적인 존재라서가 아니며, 오히려 정열과 자연적이고 본능적인 도덕의식 등의 억압된 개념이 미국의 정체성에 포함되어야 함을 보여준다(Gussman 76).

그런데 여권 운동가였던 차일드의 메리에 비해서 여성문제에 보수적이었던 남성작가 호손의 헤스터는 사고와 행동에서 주체성을 가지고 있는 여성이다. 허조그는 "미국의 새로운 이브의 예"라고 헤스터를 평가하였던 바(16), 그녀는 독립적이고 감성적이며, 고귀한 위엄과 예술성을 지닌 인물로 그려지고 있다. 헤스터는 사회에 대한 헌신과 봉사의 삶을 살며 공동체와의 관계를 회복하지만, 그것이 그녀가 공동체의 규범을 내면화하였다거나 자신의 독립적 사고를 포기하였다는 증거가 되지는 못한다. 그녀는 훗날 딤즈데일에게 "우리가 한 일은 그 자체로 신성함을 가진 것이었어요. 우리는 그렇게 느꼈지요! 우리는 서로에게 그렇게 말했구요! 그것을 잊으셨나요?"(140)라고 당당하게 말하며, 처음 등장할 때 처형대에서 지켰던 위엄과 사회에 대한 의식적 거리를 끝까지 잃지 않는다. 더욱이 그녀의 작가 호손은 헤스터보다도 오히려 더 급진적이다. 그녀는 보스턴의 도덕적 규범을 거부하지만 호손은 그것의 권위에 도전하며, 헤스터의 성적 일탈이라는 사건을 앤 허친슨이나 소위 앤티노미아니즘(antinomianisn)과 연관시키는 것도 바로 호손이다 (Jehlen 135).

그러나 헤스터는 궁극적으로 펄에 대한 모성애를 통하여 공동체가 부과하는 여성성의 관념으로 복귀하며 국가의 테두리내로 편입된다. "만약 어린 펄이 헤스터에게 오지 않았다면. . . 그녀는 한 종파의 설립 자로 앤 허친슨과 나란히 역사에 기록될 수 있었을 것이다. 일생의 어 느 한 시기에 그녀는 여성 예언자가 되었을 수도 있었을 것이다. 그녀 는 아마도 청교도 체제의 기저를 위태롭게 하려 했다는 죄목으로 그 시 대의 엄격한 재판정으로부터 죽음을 선고받았을지도 모를 일이었을 것 이다"(119)라는 구절에서 드러나듯이 호손은 헤스터에게 펄에 대한 극 진한 모성애를 부여함으로써 그녀가 가지고 있는 잠재적 전복성을 묻 어버리고 있다. 또한 딤즈데일에 대한 그녀의 태도 역시 순종과 희생으 로 일관하고 있다. 즉 그녀는 공동체에 봉사 헌신하며 진정한 여성성의 자질인 가정성과 순종을 그녀 나름대로의 방식으로 구현함으로써 사회 로 재편입되며, 그녀의 잠재적 진보성은 불특정한 미래가 구현해야 할 과제로 남게 되는 것이다.

차일드와 호손은 17세기 청교도 사회가 예표하며 19세기 미국 사 회가 구현하고 있는 국가의 정치·사회·문화적 정체성이 여성, 감정의 영 역, 원주민이 대표하는바 주변적 집단, 예술, 자연 등을 억누르고 있음 에 대한 동질적 인식을 보여준다. 그리고 그러한 공동체가 부과한 규범 을 이탈한 두 여성의 삶과 각각의 공동체 복귀의 양상을 통하여 미국 사회의 정체성에 들어맞지 않는 개인의 문제를 다루고 있다. 이 두 작 가는 공통적으로 두 여성의 딸과 아들인 펄과 리틀 호보목을 뉴잉글랜드에서 구세계로 옮겨 심음으로써 미국 사회의 포용력의 경계를 보여준다. 호보목이 떠나는 것이 차일드가 이상적 공동체 속에 원주민의 자리를 마련하는데 어려움을 겪고 있음을 반영하는 것처럼, 결국 펄과 같이 사회의 도덕률과 규범으로 제어 불가능하고 정의 불가능한 존재, 그리고 리틀 호보목과 같은 혼혈결혼의 산물은 17세기의 편협한 청교도 사회와 그와 동질적인 기제를 가진 19세기 초반의 미국 사회에서는 수용될 수 없음을 보여주며 이러한 측면에서 구세계가 신세계보다 오히려 포용적임을 암시하면서 간접적으로 신세계의 편협성을 고발하고 있는 것이다.

이들 두 작가는 미국 사회의 정치·사회·문화적 편협함에 대한 비판적 의식을 공유하면서도 이러한 문제에 대한 대안에서는 차이점을 보이고 있다. "한 미국인"이라는 공적인 정체성을 표방한 남성 화자를 등장시킨 『호보목』은 주인공 메리에 대한 사회의 수용을 그려내면서 미국 사회를 향하여 보다 포용적일 것을 제안한다. 미국의 세관이라는 공적인 영역을 떠나면서 "어딘가 다른 곳의 시민"임을 천명하는 화자의 『주홍글자』는 사회가 변화할 수 있다는 낙관적인 전망 대신에 헤스터라는 개인의 모성애와 인내와 자기부정을 통한 공동체와의 제한적 화해를 보여주고 있다. 즉 차일드는 공화국의 경계를 넓힐 것을 제안하고 있으며, 그러한 가능성에 보다 회의적인 호손은 개인이 공동체에 제한적으로나마 순응할 수밖에 없음을 수용하고 있다고 할 수 있을 것이다.

제 9 장

멜빌Herman Melville의 원주민

1820년대가 원주민 문제와 관련된 여러 가지 논쟁적인 조치들에 대한 일반인의 다양한 반응들 속에서 문학에서도 또한 그들에 대한 관심이 최고조로 달했던 '원주민 주제'의 시기였다면, 19세기 중반은 남북전쟁으로 폭발되는 바 흑인노예문제를 둘러싼 국내의 치열한 갈등으로 인해서 오히려 원주민 문제는 국가의 관심이나 문학적 관심에서 멀어져 있었으며 원주민들로서는 '보이지 않는 존재'로서 '침묵'을 강요당하던 시기였다.

이 시기에 주로 작품 활동을 했던 멜빌(Herman Melville)은 여성들의 세계를 그린 참여적 작가 세즈윅과는 대조적으로 남성들만의 세계를 주로 그린 정치적인 은둔자로서 전통적으로 평가받아 왔으며, 작품을 구체적인 역사적 맥락에 위치시키는 신역사주의가 대두하기 이전까지도 멜빌 비평의 주류는 형이상학적 접근이었다. 이러한 관점은 사회·정치적 관심은 없이 우주의 비밀을 천착하는 심오한 사색의 작가로 멜빌을 상정하면서, 모비딕(Moby Dick)에 대한 에이헙(Ahab)의 집착을 우주의 비밀을 벗기고 우주의 악의 실체를 제거하려는 형이상학적 집착의 발로로서, 이사벨(Isabel)이라는 여성에 대한 피엘(Pierre)의 자기 파괴적인 사랑 또한 그녀의 출생과 연루되어 있는 듯한 아버지의 정체와 인간 존재의 근원에 관한 존재론적 천착으로 읽어왔다.

매덕스(Lucy Maddox)는 멜빌 작품의 형이상학적 차원을 사회적 차원으로 변환시킨다. 매덕스에 따르면 멜빌이 가장 집착했던 플롯은 확신에 찬 미국인이 미국이 담지하고 있는 담화의 한계를 벗어난 세계를 대표하여 침묵하는 타자와 불편한 조우를 하게 되는 것이다. 그래서 자신이 완전히 손상되지 않기 위해서는 이 타자를 자신의 담화를 써 넣을 수 있는 "아름다운 백지"로 변화시키려고 노력을 해야 하는데, 타자가 이에 대하여 저항을 하면, 그는 제거되고 멸절되어야만 한다는 것이다(53). 이러한 관점은 멜빌 작품에서 진행되는 우주와 존재의 근원에 대한 보편적인 인간의 천착을 타자에 대한 "미국이 담지하고 있는 담화"의 강요라는 구체적인 사회·역사적 맥락안에 위치시키고 있다. 디목(Wai-chee Dimock) 또한 미국에 대한 제퍼슨(Thomas Jefferson)의 칭송어구인 "자유를 위한 제국"(Empire for Liberty)을 딴 제목의 비평서에서 19세기 중반경에는 미국이 제국으로서의 면모를 갖추고 제국주의적 이데올로기가 미국내 담화들에 만연하게 되었음을 지적하면서 이러한 역사적 배경을 바탕으로 한 멜빌 작품의 사회·정치적 측면을 부각시키고 있다.

매덕스의 지적대로 '미국의 담화를 벗어나는 타자와의 만남'은 멜빌의 초기 작품부터 두드러지는데, 『타이피』(Typee)를 필두로 하여 남태평양 항해를 다룬 작품들에서는 아메리카 원주민이 아닌 폴리네시아 원주민들이 등장하지만 그들과 접촉하는 백인들의 제국주의적 경험 양상은 아메리카 원주민과의 접촉과 동일한 영역을 가지고 있다. 더욱이 『타이피』가 출판된 1846년은 미국의 팽창주의 정책의 부산물로서 아메리카 원주민과의 멕시코 전쟁이 일어날 만큼 정치적으로 민감한 시기였다. 따라서 이러한 시대적 배경을 감안하여 멜빌 작품 곳곳에 나오는 아메리카 원주민에 대한 언급에 주목한다면 멜빌의 의식 속에는 타이피의 원주민과 아메리카 원주민의 존재가 겹쳐져 있음을 감지할 수 있다.

　멜빌의 폴리네시아 원주민들은 낙원과 같은 곳에서 순수하고 행복하게 지내며, 그들의 삶에 대한 멜빌의 묘사는 곧 백인문명의 독선과 위선에 대한 비판으로 연결된다. 그러나 어린아이같이 단순한 이들 원시인들은 백인문명과 접촉하면 타락하게 되어 있으며, 백인주인공은 이들과의 생활을 즐기고 이들과의 생활이 낙원에서의 삶과 같다고 칭송하면서도 결국은 원주민 사회에서의 삶을 뒤로 하고 백인문명으로 귀환한다. 즉, 타이피족과 생활하는 토모의 의식속에는 기독교 문명의 독선과 위선에 대한 통렬한 비판과 함께 소위 원시적이라고 불리우는 종족들이 더욱 우수하며 순수하고 행복하게 살고 있음이 명확하게 각인되어 있으면서도, 또한 타이피의 사회에 완전히 적응할 수 없어 문명사회로 떠나는 그의 선택을 통해 소위 문명인, 지식인의 이중적 의식이 폭로되고 있는 것이다. 그래서 슈얼러(Malini Shueller)는 "멜빌의 화자는 비록 식민주의에 대하여 상당히 비판적임에도 불구하고, 자신의 인종적, 문화적 정체성이 걸려있는 바 자신과 원주민간의 구분을 유지하기 위하여 결국에는 식민주의자로서의 자신의 위치를 확인한다"(3)고 말하고 있기도 하다. 이러한 '식민주의자로서의 자신의 위치를 확인하는' 화자의 시각이 곧 저자의 시각과 같은 것인가에 대하여는 논란의 여지가 있으나, 이들 초기 소설들에서 원주민 문제에 대한 작가의 뚜렷한 의견이나 반응을 찾기 어려운 것은 사실이다.

연이어 씌어진 『모비딕』(Moby-Dick, or the Whale)의 화자는 슈얼러가 멜빌 화자의 특성으로 지적한 "인종적 문화적 정체성"을 거부하고 이슈메일이라는 추방자이자 주변인의 이름을 스스로 택한 후에 자신이 바로 야만인이라고 선언하며(358) 원주민과 백인과의 경계를 흐려놓는다. 이슈마엘의 이러한 개방적 태도는 폴리네시아 출신 추장의 아들 퀴퀙(Queequeg)과의 우정으로 발현되는데, 이는 "원숭이 밧줄"(Monkey Rope)장에서 이 두 사람이 하나의 탯줄로 연결되는 듯한 장면과 마지막 파국에서 퀴퀙의 죽음을 대비하여 만들어 놓은 관이 이슈메일을 살리는 부의가 되는 장면으로 이어지며, 내티 범포와 칭카치국의 뒤를 이어 자연 속에서 이루어지는 백인 남성과 유색인 남성간의 깊은 유대관계의 신화를 재연하고 있다.

또한 온몸에 해독불가능한 상형문자 문신을 한 퀴퀙의 재현에서는 역사적·정치적 맥락보다는 신화적 차원의 신비로움이 더 강조되고 있는데, 퀴퀙 역시 폴리네시아 출신으로 설정되어 있지만 그 형상화에 있어서는 아메리카 원주민과 동일한 양상을 보이며, 그를 폴리네시아 출신으로 설정한 것은 그의 존재를 더욱 신비화하기 위한 것으로 분석할 수 있다. 퀴퀙을 통하여 이슈메일이 깨닫는 것도 문명보다 원시가 더 건강하고 우월한 것이라는 토모의 깨달음과 유사하지만, 이슈메일 역시 비록 사회의 언저리에서 비판자로 남을지언정 문명 세계를 떠나지는 못하며, 퀴퀙은 백인 친구를 살리고 스스로는 사라지는 원주민의 원형을 또 한번 재현한다.

멜빌의 원주민 신비화는 작품내에서 일관성있게 지속된다. 에이헙이 이끄는 배의 이름인 피쿼드(Pequod)를 설명하면서 이슈메일은 "매사추세츠 원주민들 중 유명한 종족으로, 지금은 고대 메디아족처럼 멸종(extinction)한"(104)이라고 묘사하면서 멸절(termination)이라는 단어 대신에 멸종이라는 자연 소멸의 의미를 가진 단어를 사용함으로써 역사를 다시 쓸 뿐만 아니라 시간을 초월한 고대인들의 과거에 원주민을 위치시킨다(Maddox 62). 그리고 향유고래의 피부에 나타나있는 주름과 흔적들은 "미시시피강 위의 바위 위에 새겨진 원주민 상형문자"로 비유되며, "그 신비로운 바위들처럼 그 고래 피부의 흔적들은 해독될 수가 없다"(400)고 하여 원주민의 신비로움을 부각시키고 있다.

이처럼 초기의 남태평양 항해소설들과 『모비딕』에 나타난 원주민과 원주민 문화는 문명과 대조되는 순수와 원초적 신비를 담지한 신화적 차원에 존재함으로써 오히려 그 존재의 현실성이 무화되고 있음을 볼 수 있다. 그러나 고래 모비딕과 같은 순수와 신비의 타자성을 포용하지 못하고 자신의 의지와 욕망으로 그 타자성을 무화시키려는 에이헙과 같은 인물들을 미국적 인물로 해석할 때, 멜빌의 작품은 미국의 제국주의적 역사에 대한 철저한 비판의 텍스트가 되면서 작품의 의미 또한 현실적 차원으로 되돌아오는 것이다.

미국의 기존 담화내로 편입되지 않는 타자의 침묵과 그에 대한 미국적 주체의 불편한 반응이 가장 잘 극화되고 있는 작품이 바로 "서기 바틀비"(Bartlebly, the Scrivener)일 것이다. 인도주의를 표방하는 자본주의자인 화자는 바틀비를 이해하고 그를 자신의 세계에 편입시키려고 노력하지만 바틀비는 "하지 않는 것을 더 좋아하는데요"(I'd prefer not to)(30)만을 되풀이 할 뿐 침묵으로 그것을 거부하며, 그의 침묵과 수동적 저항을 못 견디게 된 화자는 바틀비가 이해하지도 못하고 인정하지도 않는 절차들을 사용하여 그를 자신의 사무실에서 내쫓는다. 매덕스는 이처럼 바틀비를 사무실에서 제거하는 과정이 원주민들을 미대륙에서 제거하는 기제와 유사하다고 지적하고 있기도 하다(72). 그러한 의미에서 "서기 바틀비"는 당대 미국의 원주민정책을 고발하는 우화로도 읽힐 수 있는 것이다.

타자의 침묵이 바틀비의 경우처럼 수동적이며 제거 가능한 것이 아니라, 사회의 안정과 생존에 근본적인 위협이 될 수 있음을 보여주는 작품이 "베니토 세레노"(Benito Cereno)인데, 특히 이 작품에서는 인종적 갈등이 부각되고 있다. 흑인 노예 버보(Babo)는 들라노(Delano)에게 완벽하게 복종적인 노예의 역할을 하며, 주인으로부터 요구되는 노예의 말을 하지만, 그 말들은 억압된 타자들의 침묵의 다른 표현일 뿐이다. 결국 반란이 실패로 돌아가자 버보는 더 이상의 가면극(masquerade)을 거부하고 바틀비와 같은 침묵을 택하며 교수대에서 "말한마디 없는 최후"(voiceless end)(116)를 맞는 것이다.

진실은 침묵한 채 가면극과 소음만이 가득한 세계를 그린『사기꾼』(The Confidence-Man)에서 멜빌은 "원주민 증오의 형이상학"(The

Metaphysics of Indian Hating)을 논하고 있다. "이 작품에서 가장 중요한 부분"(W. Sedgwick 190)이라는 평가가 있는 이 부분을 파커(Hershel Parker)는 기독교의 비실천성에 대한 비극적 고찰이며 원주민들을 사탄으로 원주민 증오자들을 헌신적 기독교인들로 상정한 풍자적 알레고리로 간주한다(324). 여기서 세계주의자와 "나그네"(stranger)는 각각 "고귀한 야만인"과 "악마"라는 양극단의 원주민 이미지를 옹호하면서 논쟁을 펴나간다.

우선 세계주의자는 미원주민을 "많은 영웅적 미덕들을 가진, 원시인들중 가장 훌륭한 종족"(122)이라고 이상화하며 원주민 증오란 들어본 적도 없으며, 그런 일이 있을 수 없다며 현실을 외면한다. 그는 자신의 주장을 뒷받침하기 위하여 포카혼타스, 마사소이(Massasoit), 테쿰세(Tecumseh) 등 아메리카 대륙으로 찾아든 유럽계 정착민들을 도와주었던 원주민 인물들을 예로 든다. 그러나 세계주의자의 원주민 옹호는 그가 개진하는 얄팍한 철학들과 마찬가지로 경박하고 감상적인 것일 뿐이며 지속적인 것도 아니며 현실에서 실천의 힘을 가진 것도 아니다. 오히려 이러한 표피적인 원주민 옹호는 현실적인 이익 앞에서는 곧 사라지고 마는 바틀비에 대한 변호사의 인자한 관심과 맞닿아 있으며, 배의 노예들에 대한 단순한 호의와 믿음을 보이며 그들의 복종을 당연시하며 세상의 질서정연함에 만족하는 초기의 들라노 선장의 자기기만적 태도와 유사한 것으로서, 억압당하고 증오의 대상이 되는 원주민들의 현실에 대하여 눈감으며 그들의 고통을 침묵시키도록 작용하는 것이다.

"나그네"가 판사의 입을 빌어 "원주민의 약탈이 이제는 끝난 시점에서 왜 여전히 원주민 증오가 그치지 않는지. . . 왜 개척민은 배심원이 살인자를 보듯, 덫사냥꾼이 야생고양이를 보듯, 그들에게 자비를 베푸는 것이 지혜로운 일이 아니며 화해가 소용없고 처형만이 유일한 해결책이라고 생각하는지"(125)를 설명하는 과정에서 언급되는 것은 개척민의 상황, 역사, 교육 등의 이유, 그리고 무엇보다도 원주민들이 악을 대표하기 때문에 원주민 증오가 당연하다는 논리이다. 우선 개척민이 원주민을 증오하는 현상을 이해하기 위해서는 개척민이 어떤 사람인지를 알아야 한다. 왜냐하면 "원주민이 어떤 종류의 사람인지는 역사나 경험을 통해서 이미 많은 사람들이 알기 때문"이다(125). 이미 역사나 경험을 통하여 백인 사회에 전형화되어 알려진 원주민은 잔혹하며 개척민을 언제라도 위험에 빠뜨릴 수 있는 "표범"(125)과 같은 존재이다.

　　이 작품에서 개진되는 '원주민 증오의 형이상학'을 실천하는 것이 존 머독(John Moredock) 대령이다. 원주민의 토마혹 도끼에 남편을 잃는 경험을 세 번이나 한 개척지의 여인을 어머니로 둔 그는 나름대로의 철학과 논리를 가진 원주민 증오자로서 주위 사람들의 경외의 대상이 된다. 그가 보여주는 원주민 증오는 종교적인 경지에까지 이르는데, 원주민들은 문명과 기독교의 적대세력이고, 그렇기 때문에 "절조있는 원주민 증오자가 된다는 것은 야망의 포기를 필요로 하는 일"(135)이며 종교적 금욕주의자의 경건함을 가지고 원주민 증오의 자세와 삶을 지켜나가야 하기 때문이다. "형제는 사랑해야 하고 원주민은 증오해야 한다"(122) 원주민 증오의 형이상학이 보여주는 단순화와 과장과 비논리적인 주장들은 기독교의 교리를 내세워 기독교 교리에 어긋나는 현실적 결론으로 오도하는 백인사회의 기만을 풍자하며 인종차별의 논리에 은밀한 타격을 가한다.

이들이 결국 서로의 합의에 이루는 모호한 '자선/사랑'(charity)은 원주민 문제에 대한 근원적 통찰이나 해결에 대한 고민 없이 자기기만적인 결론으로 모든 논의를 침묵시키고 있는 기제라고 말할 수 있다. 변호사 또한 바틀비를 만난 초기에는 그에게 연민을 느끼며 "형제애에 기인한 우울함! 왜냐하면 나와 바틀비는 모두 아담의 자손들이 지 않은가"(28)라고 말하지만 자신의 이익에 부합되지 않을 때는 가차없이 바틀비를 제거하게 되는데, 이것은 곧 바틀비나 들라노나 세계주의자가 보여주는 타자에 대한 표피적인 자선이 현실에서는 아무런 변화를 일으킬 수 없음을 작가가 보여주고 있는 것이라고 할 수 있다.

이처럼 멜빌은 당대 미국 사회에서 철저하게 배제되고 침묵당한 타자의 모습을 그 보이지 않는 모습과 지워진 목소리로 그대로 극화하는 한편, 그러한 타자에 대하여 자신의 편견과 욕망과 이기심이 투사된 자의적인 해석을 강요하는 인물들, 에이헙, 변호사, 들라노, 세계주의자, 사기꾼과 같은 인물들을 통하여 타자에 대한 미국 사회의 억압을 보여주고 있다. 멜빌 작품에서 원주민은 보이지 않는 존재이자 들리지 않는 목소리로서의 존재하며 원주민 재현의 흔적은 지극히 미약하다. 그러나 역설적으로 그 원주민의 보이지 않음과 들리지 않는 상태를 재현함으로써, 그들을 보지 않고 듣지 않으려 하며 그러한 타자의 침묵에 기반하는 미국 사회의 배타성과 한계를 고발하고 있다고 할 수 있는 것이다.

III

새로운 목소리의 탄생

원주민계 작가의 작품에 나타난 주체로서의 원주민

제 10 장

+·+

원주민 문학과 원주민계 미국 문학의 지형도

백인들이 발을 내디디면서 아메리카 대륙은 급격하게 영어 문화권으로 변모하였고, 그 과정에서 언어와 교육에서 소외된 원주민들은 주체적으로 목소리를 내지 못하고 백인들의 욕망과 필요에 따라 그들의 상상력에 의해 굴절되며 객체로서 재현되었다. 그러나 원주민들은 영어권 사회에서 침묵당하였을 뿐이며, 그 기간 동안에도 그들 고유의 언어와 문학을 통하여 스스로를 표현하고 있었고 동시에 영어를 통하여 자신을 주체적으로 표현할 수 있는 역량을 키우고 있었다.

원주민의 전통 문학 형태는 구전 문학이었다. 내러티브나 시의 형식을 통하여 화자와 청자가 능동적으로 상호작용하며 의미를 생성해가는 구전 문학은 여러 가지 내용들을 다루고 있는데, 주요한 것으로는 세상이 어떻게 생겨났는지 혹은 부족이 어떻게 시작되었는지를 다룬 기원의 이야기, 뛰어난 인물의 업적을 다룬 영웅 이야기, 부족의 역사 이야기, 혹은 부족의 관습과 가치를 교묘하게 넘나들면서 기존 질서에 의문을 던지는 사기꾼 이야기(trickster tales)들이 있다. 이 구전 문학들을 영어로 기록하는 작업이 본격적으로 시작된 것은 19세기에 들어서 원주민 문화가 거의 붕괴될 지경에 이르러서였는데, 그나마 기록의 과정에서 여러 가지 변형이 일어났다. 우선은 독자들이 영어권 백인이기 때문에 그들의 취향에 맞추어 기록의 대상이 선택되었으며 그 내용이 변형되기도 하였다. 또한 화자와 청자와의 대화체로 일인칭 직접 화법으로 공연되던 문학 형태를 삼인칭으로 서술하여 현장성과 직접성을 떨어뜨리는 결과를 초래하였다.

원주민들이 영어로 글을 써서 영어권 독자들에게 발표되기 시작한 것은 18세기 후반이다. 이 시기에는 여성, 아프리카계 미국인, 원주민 등 미국 사회에서 소외되었던 계층들이 권리를 주장하는 분위기가 조성되었고, 이러한 변화와 함께 원주민들도 문단에 진출하기 시작했다. 원주민 최초로 영어로 된 책을 출간한 작가로는 모히건 부족의 오컴(Samson Occum) 목사를 꼽는데, 1772년 펴낸 『원주민 모지즈 폴의 처형에서 행한 설교』(A Sermon Preached at the Execution of Moses Paul, an Indian)는 술이 취해 살인죄를 저지른 원주민 폴의 경우를 경계하며 절제에 대하여 설파한 설교로서 최초의 원주민 베스트셀러가 되었다.

19세기에 들어오면서 원주민 문단은 영국의 주류 문학에 동화되려는 움직임과 자신들 고유의 전통을 살리려는 노력이 함께 이루어졌는데, 쿠식(David Cusick), 스쿨크래프트(Jane Schoolcraft), 파커(Nicholson Parker), 스트롱(Nathaniel T. Strong)은 구전 문학과 역사와 그들의 민담을 기록하였다. 감리교 목사인 에이피스(William Apess)가 펴낸 『숲의 아들: 윌리엄 에이피스의 경험』(A Son of the Forest: The Experience of William Apess)(1821)은 앤드류 잭슨 대통령의 원주민 강제이주 법령에 대한 반응이 담긴 자서전으로서 원주민이 독자적으로 저술하여 출간한 최초의 책으로 기록되고 있다.

1891년 출간된 캘러헌(Sophia Alice Callahan)의 『숲의 아이 와이니마』(Wynema: A Child of the Forest)는 원주민 여성 작가가 펴낸 최초의 소설이다. 무스코지 부족의 혼혈로서 백인 교육을 받고 교사생활도 했던 캘러헌은 이 작품을 통해 당대의 가장 큰 논쟁거리였던 원주민 토지 분할정책에 관한 반대의 견해를 제시하고 있다. 짓칼라사(Zitkala-Sa)는 19세기에서 20세기에 걸쳐 작품 활동을 한 작가인데, 백인위주의 동화 교육을 받은 원주민들이 겪어야 하는 정체성의 혼란을 세밀하게 기록한 그녀의 작품 "한 원주민 소녀의 학창시절"(The School Days of an Indian Girl)은 동화주의 정책에 대하여 원주민이 느끼는 딜레마를 천착하며 백인사회에도 원주민 사회에도 속할 수 없는 변경인으로서 혼혈인의 위치를 점검하고 있다.

20세기로 넘어오며 다양한 원주민계 작품들이 발표되기 시작하였고 특히 1968년 발표된 퓰리처 수상작 스콧 모마디(N. Scott Momaday)의 『새벽으로 지은 집』(House Made of Dawn)을 기점으로 '아메리카 원주민 르네상스'(American Native Renaissance)라고 일컬을 만큼 원주민 문학은 풍성한 결실을 맺게 된다. 백인 위주의 현대 문명에 대하여 대안적 시각을 제시하는 원주민적 세계관에서 독자들은 새로운 매력을 발견하였고, 미국 사회에서 원주민이 차지하는 독특한 변경인으로서의 위치가 현대사회에서 보편적인 소외의 문제와 연결되면서 원주민 작가들이 다루는 주제에 공감하는 독자층도 더욱 두터워지게 되었다.

현대의 원주민계 미국 문학은 소수인종 문학의 부상과 더불어 미국 문학의 중요한 분야로 자리잡았고, 그 문학적 성과에 따라 비평계의 관심도 점증하고 있다. 현대 원주민계 문학을 보다 폭넓은 관점에서 이해하는데 필요한 작업 중의 하나는 원주민 전통에 대한 이해와 원주민계 미국 문학에 대한 역사적인 조망이다. 워목(Craig Womack)은 현대 원주민 문학을 이해하는데 있어서 20세기 이전의 원주민 작가들 즉 오컴(Samson Occum), 쿠식(David Cusick), 에이피스(William Apess), 캘러헌(Alice Callahan), 존슨(E. Pauline Johnson) 등을 통해 형성된 전통을 이해하는 것이 중요하다고 강조한다. 그에 따르면 '아메리카 원주민 르네상스'에 대한 대부분의 연구가 원주민들이 소설과 단편과 시를 마치 어제 발견한 것처럼 가정하는 듯한데, 그러한 연구에 앞서 19세기 원주민 작가들에 대한 재발견이 있어야 하며 특히 그 시기 동안에 원주민 작가들이 현대 작가들이 출간하고 있는 것들을 이루기 위해서 어떻게 투쟁했는가를 연구해야 한다는 것이다(3). 러프(A. Lavonne Brown Rouff) 또한 현대 원주민 여성문학의 이데올로기와 문학적 뿌리를 이해하기 위해서는 캘러헌과 같은 초기 원주민 문학에 대한 지식이 필요하다고 강조한 바 있다(1992 254).

이러한 원주민 문학의 전통과 연계하여 원주민계 영문학을 이해하는데 중요한 개념이 '이야기'이다. 구전 문학 전통의 중심에 위치한 '이야기'는 전통을 전달하는 매개체로서 부족의 상상력과 역사와 문화와 관습의 집결체이다. 부족 정체성을 이어가는데 중요한 역할을 담당해

온 '이야기'는 원주민계 영문학 작품에서도 중요한 의미를 지니며 자주 등장하고 있다. 한편 원주민계 영문학 작가들의 공통적인 고민이자 주제중의 하나는 정체성의 문제이다. 원주민 축출 과정에서 살아남은 대다수의 원주민이 미국 사회에 동화되었고 그 과정에서 부족 정체성과 미국 시민으로서의 정체성 사이에 혼란을 겪을 수밖에 없었다. 또한 동화는 필연적으로 혼혈의 과정과 함께 진행될 수밖에 없었고, 혼혈 인구가 증가하면서 부족사회와 미국 사회의 어느 쪽에도 속하지 못하는 혼혈인들이 직면하게 되는 소외의 문제가 작품의 전면에 대두하였다.

원주민계 작가들이 저작과 출판과정에서 공통적으로 부딪히는 문제 또한 바로 독자의 문제이다. 여전히 백인들이 주요 독자층을 이루고 있는 것이 현실이기 때문에 원주민계 작가들은 저작 과정에서 백인 독자를 상정하게 되며, 그것이 그들의 저작 과정에 영향을 미칠 수밖에 없기 때문이다. 이 문제에 관하여 러프는 "어떻게 개개인의 저자들이 자신의 원주민 자아와 자신의 글을 그들의 백인 선생들과 독자들의 기대에 맞추었는가"(1996, vii)의 문제로 정의한다. 이와 더불어 제기되는 보다 근본적인 문제는 "원주민들이 실지로 생각하거나 말했을지도 모르는 것들은 유럽계의 단어와 문법으로 표현되면서 인식하기 힘들만큼 변질되었다"(Wyss 53)는 지적처럼, 자신들의 전통을 영어라는 언어로 표현하는 과정에서 부딪히는 어려움과 그 정확성에 대한 회의로서 이 회의는 원주민계 작가의 작품에서 작가적인 자의식으로 표출되고 있다.

원주민계 작가들이 천착하는 이러한 문제들은 현대 미국 사회와 문학의 관심과 맞물려 보편성을 확보하게 되었다. 페미니즘, 다문화주의, 탈식민주의 등 일련의 움직임들을 통하여 백인 남성 중심적 사회와 문화의 억압성에 비판적인 사회적 분위기가 마련되었고, 다원화된 현대 사회에서 정체성과 소외의 문제가 대두되면서 이러한 문제들을 중점적으로 다루는 소수 문학이 각광을 받게 된 것이다. 또한 보다 나은 교육을 받게 된 소수 인종들이 문학적 창작역량을 발현하는 작가들을 배출하게 되면서 현대 미국 문학에서는 창작과 비평분야 공히 소수 문학이 곧 주류문학이라고 할 수 있을 만큼 소수 문학에 대한 관심이 일고 있다. 그리고 원주민계 미국 문학 또한 소수 문학의 중요한 분야로서 눈부신 성과를 거두고 있다.

그동안 자신들의 목소리를 내지 못하고 백인들의 눈과 펜을 통하여 재현되며 왜곡되던 원주민들은 이러한 원주민계 미국 문학의 약진과 더불어 스스로의 목소리로 자신의 내면세계를 말하기 시작했다. 그리고 원주민의 전통에 대한 복고적인 고착 보다는 현대 미국 사회의 일원이면서 동시에 원주민의 전통을 이어가는 유연한 정체성을 추구하며 자신들의 위치를 확립해나가고 있다. 이제 이들은 오히려 자신들의 작품이 '원주민 문학'으로 분류되는 것을 거부하고, '원주민 문학'이라는 것을 따로 정의하려는 것 자체가 독자들의 상상력을 제한하는 것이며, 작가는 먼저 작가일 뿐이며 그 다음에 원주민계 미국인이라든지 흑인이라든지 치카노가 분류되는 것이라고 주장한다(Swann xviii). 원주민계 미국 문학에서 천착해오던 소외, 혼혈, 문화간의 충돌 등은 이제 그들만의 문제가 아니라 전세계에 걸쳐 일어나는 보편적인 문제가 되었다. 그렇기 때문에 원주민계 미국 문학, 그리고 원주민들의 의식, 소수 인종들이 부딪히는 문제들에 대한 보다 깊은 이해는 곧 미국 사회에 대한 이해와 함께 나아가 현대 사회에서의 다양한 인종과 민족과 국가들이 어울려 살아가는 방법에 대한 모색으로 이어질 수 있는 것이다.

이제까지는 백인의 작품 속에서 타자로서 재현된 원주민의 모습을 분석해보았는데, 다음에서는 주체적인 목소리로 말하는 원주민계 작가들의 작품을 분석하며 여기에 나타나는 중심적인 문제들을 살펴보려고 한다. 11장에서 다루고 있는 앨리스 캘러헌의『와이니마』연구는 백인 독자들에 대한 원주민 작가의 의식이 어떻게 작품에 반영되는가를 살펴보고 있다. 12장 실코(Leslie Marmon Silko)의『이야기꾼』연구는 원주민 전통 문화에서의 '이야기'가 현대 미국 사회를 사는 원주민계 미국인들에게는 어떤 의미인지를 탐색하고 있으며, 13장의『의식』에 대한 연구는 혼혈 주인공이 소외의 근원이 되었던 혼혈과 문화의 혼성에서 적극적이고 긍정적인 의미와 정체성을 발견해가는 과정을 추적해보고 있다.

제 11 장

+⊹+⊹+⊹+⊹+⊹+⊹+⊹+⊹+⊹+⊹+⊹+⊹+⊹+⊹+

캘러헌Alice Callahan의 『숲의 아이 와이니마』

I

미국 소설 분야에서 원주민 여성작가가 등장한 것은 20세기가 다
된 1891년 혼혈원주민 여성 작가 캘러헌(Alice Callahan)의 『숲의 아이
와이니마』(Wynema: A Child of the Forest)가 발표되면서였다. 그나마
이 작품은 출간 후 백여년 간 문단에서 잊혀졌다가 러프(A. Lavonne
Brown Rouff)에 의하여 발견되어 1997년 재발간되었고, 『와이니마』의
발굴 이전에는 1927년 발표된 모닝도브(Mourning Dove)의 『혼혈아 코
지워어』(Cogewea: The Half-Blood)가 미원주민 여성작가가 쓴 최초의
영어소설로 인정받아왔었다. 그러나 미원주민 여성소설의 역사를 30여
년이나 앞당긴 『와이니마』는 최초의 원주민 여성작가의 소설이라는 문
학사적인 가치 이외에 작품 자체의 문학성이나 소수 문학으로서의 가

치는 인정받지 못하였고 작품에 대한 연구도 활발하지는 않은 실정이다.

　　캘러헌은 이 작품을 "백인 형제들의 부당한 대우와 억압을 겪어온 북미의 원주민 부족"에게 헌정하고, "이 책이 세계의 눈과 마음으로 하여금 우리의 고통에 눈뜨게 만들지도 모른다"고 희망하며 그녀의 문학적 작업의 사회적 의의를 밝히고 있다. 그리고 크릭(Creek) 족 원주민 여주인공 와이니마, 원주민 교육에 힘쓰는 백인 여선생 제니비브(Genevieve), 그녀의 남동생 로빈(Robin), 선교사 제럴드(Gerald Keithly)가 벌이는 사적인 애정관계를 진행하면서, 공적으로는 원주민 학살과 토지분배 문제를 둘러싸고 벌어지는 백인과 원주민, 원주민 내부에서의 갈등들을 짜넣음으로써 캘러한은 이 헌정사에서 표현한 그녀의 의도를 실현시키고 있다.

　　『와이니마』에 대한 비판적 평가는 크게 두 가지로 나누어 볼 수 있는데, 하나는 통일성의 결여나 이질적인 요소와 언술들의 부조화에 대한 지적이며, 또 다른 하나는 원주민 주권의식의 결여에 대한 비판적인 시각이다. 예를 들어 "수(Sioux)족의 무력 봉기, 시팅불(Sitting Bull)의 살해와 운디드니(Wounded Knee)의 학살을 그리고 있는 세 번째 부분은 앞부분의 로맨스로부터의 급작스러운 이탈로서 소설이 거의 완성된 이후에 덧붙여진 부분일 것"(Rouff 1997 xxvi)이라는 분석이나 "감상적인 내러티브 형식과 역사적인 '실화'를 함께 묶음으로써 그 결과로 혼성적인 텍스트가 탄생했다"(Bernardin 210)는 지적은 작품에 내포되어 있는 이질성과 균열에 대한 비판을 제기하고 있다. 또한 "크릭(Creek) 부족의 오랜 저항의 역사를 동정적인 백인의 목소리 속으로 흡

수해버린 어리석게 순진한"(23) 작품이라는 라이언(Melissa Ryan)의 분석이나 "크릭적인 목소리의 말소, 크릭 문화에 대한 부정, 문화적인 재현의 부정확함, 크릭적이지 않고 비원주민적인 관점의 채택"(107)이라는 워먹(Craig Womack)의 평가는 원주민 작가의 작품으로서『와이니마』가 보여주는, 혹은 보여주지 못하는 원주민 문제의 전망에 대하여 혹독한 비판을 가하고 있다.

워먹의 비판에 타당성을 부여하여 주는 것은 원주민 여주인공 와이니마의 생각과 의견이 그녀의 친구이자 선생님인 제니비브에 의해서 통제되고 조정되고 있다는 사실이다. 그녀는 자신의 의견을 내었다가도 제니비브의 추인을 받지 못하면 "그걸 이해 못하다니 나는 얼마나 피상적으로 생각하는 것인지"(52)라며 자신의 의견을 곧 그리고 기꺼이 철회한다. 그 외에도 와이니마가『호프 레슬리』의 매가위스카처럼 독립적인 원주민상을 구현하고 있지 못한 징후는 여러 장면에서 나타나고 있다. 특히 토지분배 문제에서 대다수의 원주민들이 취했던, 그리고 역사적으로 그 타당성이 인정되었던 반대의 관점을 주장하는 인물이 와이니마가 아닌 제니비브이며, 와이니마는 오히려 토지분배에 찬성하는 의견을 개진하였다가 그 문제점을 제니비브가 지적하자 곧 자신의 생각이 짧았음을 인정한다. 이 장면에서도 캘러헌이 자신의 목소리를 주인공 원주민 여성이 아닌 백인 여성을 통하여 말하고 있음을 엿볼 수 있다.

또한 원주민 문화에 대한 화자의 눈은 백인사회의 관점에 근접해 있다. 원주민 교육에 헌신하기 위해 원주민 거주지로 온 제니비브를 "이렇게 해서 티피에 사는 원주민들에게 문명이 오게 되었다"(5)고 문명 그 자체와 같은 우월한 존재로 묘사하고 있으며, 그녀가 병에 걸렸을 때 불려온 부족의 전통 치유사(medicine man)와 그의 치료과정 묘사는 타문화를 불신과 조소가 섞인 호기심으로 바라보는 자문화중심주의의 전형성을 보여준다. "치유사"와 "만병통치약"(cure alls, 12)이라는 단어에 붙은 따옴표는 이에 대한 제니비브의 거리감이 또한 전반적인 원주민 문화에 대한 화자의 거리감이기도 함을 드러내고 있으며, 이러한 거리감은 원주민 음식의 묘사 등에서도 드러나고 있다.

화자가 이러한 상황에서 원주민 문화에 대한 수용의 자세를 옹호할 때 그것은 원주민 문화의 이해에 기반한 것이라기보다는 다문화주의적 포용성에 의거한 것이며, 그러한 옹호는 원주민이 아닌 백인 인물들의 목소리를 통해서 제기되는 전략을 사용한다. "이 원주민들이 그들의 '치유사'에 무조건적인 신뢰를 가지는 것은 이상한 일이지요"(16)라는 제니비브의 말에 "모든 민족은, 아무리 무지하고 야만적이라 할지라도 나름대로의 의사가 있고, 모든 민족의 의사는 그 자신의 고유한 작업 방식이 있는 법입니다"(17)라고 말하는 선교사 제럴드의 관점은 그것이 비록 원주민 문화를 인정할 것을 촉구하고 있음에도 불구하고 그 뒤에 숨어있는 저자 캘러한이 원주민 작가로서 자신의 문화에 대하여 가질 수 있는 애정은 찾아보기가 어렵다.

이렇게 볼 때 『와이니마』에 대한 주된 비판, 즉 통일성의 결여와 비원주민적 시각에 대한 비판은 작품의 많은 부분을 설명해줄 수 있는 타당성을 가지고 있다. 당대의 원주민 문제들에 대한 긴 논쟁과 신문기사의 삽입, 역사적 사건 자체에 대한 서술 등을 통하여 다층적인 시각이 균열을 일으키며 혼재하고 있으면서 많은 부분이 동화주의적인 백인의 시각을 보여주고 있기 때문이다. 그러나 '혼성'과 '균열' '동화주의'라는 개념만으로는 설명되지 않는, 그러면서 이러한 '혼성'과 '균열'을 설명할 수 있는 일관되고 지속적인 움직임이 작품 속에서 감지되고 있으며, 이러한 움직임을 주목해보는 것 또한 작품을 보다 입체적으로 이해하는데 중요한 작업이 된다.

　『와이니마』에 대한 기존의 비평들이 내재적인 통일성의 결여를 지적하고 있지만, 그 비판에 동의하기에 앞서 통일성의 결여가 원주민 문제에 대한 작가의 전망과 서로 연결된 문제의 결과일 가능성을 점검해 볼 필요가 있다. 즉, 원주민 문제에 대한 근본적인 문제를 제기하는 정치적 행위로서, 그리고 그 문제를 보다 효과적으로 제기하기 위한 전략으로서 작가가 소위 '이질적인' 요소들을 작품에 도입하고 있으며, 그 것을 통하여 드러나는 작가의 전망이 동화주의의 테두리를 벗어나 보다 진보적인 것일 가능성이 있다는 것이다. 이러한 작업을 통하여 19세기 말엽 백인 독자층을 대상으로 글을 써야 했던 최초의 원주민 여성 작가가 원주민 문학의 전통에 남긴 유산과 과제 또한 점검해 볼 수 있을 것이다.

II

　『와이니마』에서 감지되는 통일성의 결여는 모호한 저자의 위치에서부터 기원한다. 캘러헌은 헌사에서 이 작품이 북미 원주민의 고통받는 상황을 알리려는 정치적 동기를 가지고 있음을 밝히고 있는데, 이 짧은 헌사에서부터 저자의 위치는 흔들리기 시작한다.

이 작품이 *우리*의 고통에 세상의 눈과 마음이 열리게 하고, 그럼으로써 *우리*와 또한 더 억압받는 *우리*의 형제들에게 선의와 공정한 대우의 시대가 속히 도래하기를 기도하며, *그들*의 백인 형제들이 가하는 부당함과 억압을 당해온 북미 원주민 부족들에게 나는 사랑으로 이 작품을 바친다.

To the Indian tribes of North America who have felt the wrongs and oppression of *their* pale-faced brothers, I lovingly dedicate this work, praying that it may serve to open the eyes and heart of the world to *our* afflictions, and thus speedily issue into existence an era of good feeling and just dealing toward *us* and *our* more oppressed brothers. (Italics mine)

이 헌사에서 "그들의 백인 형제들이 가하는 부당함과 억압을 당해온 북미 원주민 부족들에게 나는 사랑으로 이 작품을 바친다"라는 부분까지는 마치 다른 인종의 저자가 이 작품을 쓰고 있는 것처럼 저자와 원주민 사이의 상당한 거리감과 저자의 객관적인 시각이 느껴지지만, 뒷부분에서는 '우리'(our, us, our)라는 단어들이 계속되면서 저자가 원주민 부족과 자신을 동일시하며 그 거리를 좁히고 있는 것이다.

이러한 저자의 위치 문제는 화자의 시각에서도 반영된다. 출판인의 출간사는 『와이니마』를 "원주민으로 태어나고 자란 원주민에 의해 서술되는 원주민 문제의 원주민측 이야기"(ix)로 규정하고 있지만, 정작 작품의 화자는 "원주민으로 태어나고 자란 원주민"으로 판단하기 어려울 만큼 백인화된 시각을 보여주고 있기 때문이다. 때로는 직접 독자들에게 말을 걸고 사건들에 대한 자신의 견해를 밝히기도 하는 이 화자가 서술하는 원주민 마을의 생활상과 거기서 벌어지는 이야기는 원주민과는 거리를 둔 백인의 시각으로 본 세상의 이야기이다. 한 예로 여주인공 제니비브로의 병을 고치기 위해 방문한 원주민 주술사를 묘사하고 있는 부분을 살펴보자.

> 제니비브로는 그를 신기하게 지켜보았는데 그럴만한 충분한 이유가 있었으니, 그보다 더 *특이하게* 차려입은 사람이나 더 *기이한* 행위는 찾아보기 어려웠을 것이기 때문이다. 각반, 헐렁하고 술이 달린 알록달록한 사냥복, 그리고 구슬달린 가죽신, 땅에 끌리는 채색된 긴 외투, 눈썹까지 덮는 술이 달린 머리장식 때문에 그는 *별나고도 기묘해* 보였다.

> Genevieve watched him curiously and with good reason, for a more *queerly* dressed person or a more *curious* performance, it would have been hard to find. With his leggings, his loose, fringed, many-colored hunting-shirt, his beaded moccasins, his long, colored blanket sweeping the ground, and his head-dress with the fringe touching his eyebrows, he was both *picturesque* and *weird*. (12-3 italics mine)

"queerly," "curious," "picturesque," "weird"와 같은 단어들로 이 주술사를 묘사하는 화자는 원주민 집단 내부로부터의 시각이 아니라 제니비브로처럼 원주민의 문화를 생소하게 접하는 외부인의 시각을 견지하고 있다. 그 이후 3장에서 7장까지 "원주민 음식들"(Some Indian Dishes), "축제"(The Busk), "춤"(The Dance), "원주민 장례식"(An Indian Burial), "이상한 의식"(A Strange Ceremony) 등의 제목으로 이어지는 작품 초반의 원주민 문화 소개 부분에서도 그것들은 백인 독자들과 함께 원주민 문화를 "이상한" 것으로 바라보는 백인의 시각으로 그려지고 있다.

　워먹이 『와이니마』에 가한 비판은 바로 이렇게 작품의 세계를 그려내고 있는 시점에 중첩되어 있는 백인의 시각 때문이며, 거기에서 원주민 작가 작품으로서의 진정성에 대한 회의가 시작된다. 그러나 통일성의 결여라는 『와이니마』에 대한 또 다른 비판은 이러한 백인화된 화자의 시각 안에 담기지 않는 원주민 고유의 시각이 작품에 존재하는 것에 대한 인정과 연결되어 있다. 즉, 백인화된 화자의 시각과 원주민 고유의 시각이 혼재하는 것은 통일성의 결여라는 비판을 초래했지만, 결국 그것은 원주민 고유의 시각을 백인 독자들에게 효과적으로 전달하기 위한 전략이며, 그렇기에 통일성의 결여라는 비판은 곧 원주민 작가 작품으로서의 진정성을 인정하는 것과 연계될 수 있는 것이다.

　워먹이 주장한 바 '크릭적이고 원주민적인 관점'과 '크릭적인 목소리'에 대한 협의의 개념을 『와이니마』 평가의 척도로 적용하기 전에 고려해 보아야 할 몇 가지 요소들이 있다. 우선 캘러헌의 전기적인 배경으로 볼 때 자신의 문화를 보는 시각에 백인의 관점이 어느 정도 반영되는 것은 불가피한 현실일 것이라는 점이다. 캘러헌은 무스코지(Muscogee) 부족의 정계와 언론계의 지도자였던 혼혈 아버지와 백인 어머니 사이에서 태어나 백인 교육의 혜택을 누리고 감리교 학교에서 교사 생활까지 하였다. 백인들의 관점으로 보는 원주민 문화가 "기묘함"이라는 단어로 표현되리라는 자의식은 이처럼 접촉지대(contact zone)에 위치하여 백인의 문화를 접하고 그들의 사고방식을 인지하고 있는 경우에 더욱 강해질 수밖에 없을 것이다. 여기서 우리는 다음과 같은 뒤보이스(W. E. B. Du Bois)의 이중의식 개념을 생각하지 않을 수 없다.

> 이 이중의식, 즉 항상 다른 사람의 눈으로 자신을 보는 느낌, 느긋한 경멸과 동정의 시선으로 바라보고 있는 세상의 잣대로 자신의 영혼을 평가하는 느낌은 참으로 특이한 것이다. 우리는 스스로를 항상 미국인이자 흑인이라는 두 사람으로 느낀다. 그 끈질긴 생명력 덕분에 가까스로 두 동강이 나지 않도록 버틸 수 있는 하나의 검은 육체 속에서 씨름하는 두 영혼, 두 가지 사고, 두 개의 조화될 수 없는 열망, 두 개의 이상을 느끼면서 사는 것이다.

> It is a peculiar sensation, this double-consciousness, this sense of always looking at one's self through the eyes of others, of measuring one's soul by the tape of a world that looks on in amused contempt and pity. One ever feels his two-ness,—an American, a negro; two souls, two thoughts, two unreconciled strivings; two warring ideals in one dark body, whose dogged strength alone keeps it from being torn asunder. (2)

흑인들이 백인의 눈으로 자신들을 보게 되는 이중의식(double-consciousness)은 또 다른 인종적 우열관계를 형성하고 있는 원주민과 백인의 관계에서도 적용되며, 『와이니마』의 화자에게서 엿보이는 것도 바로 자신의 문화를 백인의 눈으로 보아 '이상한' 것으로 인식하는 이중의식이다.

그렇다면 과연 그 당시 미국 문단의 상황이 이중의식에서 벗어난 원주민 작가가 존재할 수 있는 환경이었는가를 살펴볼 때, 영어로 글을 쓴다는 행위 자체가 백인 문화에의 노출과 백인 사회와의 강력한 연관성을 전제로 하는 당대의 토양위에서 워먹이 요구한 '크릭적인 목소리'를 최초의 원주민 여성 작가에게 기대하기는 어려울 것이다. 이러한 원주민 작가들의 글쓰기 상황에 대하여 위스(Hilary Wyss)는 "기독교화된 원주민의 이야기를 읽음으로써 원주민의 사고와 가치에 접근할 수 있는 것은 아님"(10)을 고려하고, 그러한 작품들을 통해서 우리가 발견할 수 있는 것은 "전제조건들을 받아들이지 않으면 전적으로 배제하겠다고 그들을 위협하며 새로이 전개되는 문화에 참여하고 있는 원주민계 미국인의 경험과 세계관"(10)이라고 언급한 바 있다.

"하위주체는 말할 수 없다"라고 주장했던 스피박(Gayatri Spivak)과 입장을 같이하는 위스의 시각은 19세기 말 백인 독자들을 대상으로 글을 쓰고 있는 원주민 작가의 작품에 대한 보다 생산적인 논의를 가능하게 하면서 동시에 그 이면에서는 보다 근본적인 문제를 제기한다. 즉, 위스에 의하면 원주민계 미국인 작가는 원주민의 시각을 대변하지 못하기 때문이다. 그는 식민주의적인 질서에 순응하고 있는 문학적 주체와, 그들을 수용하지 않는 식민주의적인 질서에서 스스로를 표현할 수 있는 수단을 가지지 못한 부족민인 하위주체(subaltern)를 구별하고, 기독교화된 원주민의 이야기가 하위주체의 사고와 가치를 보여주지는 못한다고 말한다. 그리고 "쓰는 행위 그 자체와 언어를 모르는 사람들의 진정성을 기록한다는 가능성은 서로 모순되기 때문"(10)에 진정한 원주민 공동체에 대한 문서화된 기록은 있을 수가 없다고 위스는 결론짓는다.

백인 사회의 동화정책의 성공적 표본이라 할 수 있는 캘러헌의 전기적인 요소를 위스의 관점과 함께 고려한다면 『와이니마』 역시 원주민의 시각을 진정성있게 주체적인 입장에서 표현하기는 어렵다고 판단된다. 그러나 비록 캘러헌의 시각이 어느 정도 백인화되어 있다 하더라도, 스스로에 의해서나 혹은 사회에 의해서 정의되는 캘러헌의 정체성은 원주민이었으며, 그리고 최초의 원주민 여성소설 작가로서 견지하는 캘러헌의 시각은 그 어느 백인 작가보다도 원주민의 시각에 근접하여 있다고 할 수 있다. 그러므로 우리에게 흥미로운 것은 캘러헌이 과연 어느 정도 원주민의 시각에 근접할 수 있었는지에 대한 평가와 그러한 과정에 백인 사회와 원주민 공동체의 중간 위치, 즉 접촉지대에 위치한 저자의 위치가 어떠한 영향을 미쳤는가에 대한 분석이다.

현대의 영문학 문단도 그 독자층과 출판계의 주류가 백인이라는 상황은 크게 달라지지는 않았으나, 당대 문단의 경우 영어 문학작품에 대한 원주민 독자가 거의 형성되지 않은 상황이었기 때문에 캘러헌이 『와이니마』를 쓰면서 가정한 독자는 백인들일 수밖에 없었다. 게다가 "억압받는 한 원주민이 판사와 배심원들이 억압자들 중에서 선출되는 법정에서 자신의 소송사유를 진술하고자 한다"(ix)는 출간사에서도 확연하게 드러나듯이, 작가는 "원주민 문제의 원주민측 이야기"(ix)를 통해 백인 판사와 배심원을 설득하려고 하고 있고, 그러므로 보다 효과적으로 설득을 할 수 있는 전략을 구사할 수밖에 없는 것이다. 이럴 경우 설득할 대상인 백인의 시각에 대한 고려 또한 그들을 효과적으로 설득하기 위한 전략 중의 하나라고도 할 수 있다.

헌사로 보아 작품에 저항소설의 성격이 강하게 부각되리라는 예상과는 달리 『와이니마』는 사랑 이야기를 작품의 중심 플롯으로 설정하는데, 이처럼 감상소설의 장르를 선택한 것 또한 작가의 전략인 것으로 보인다. 감상소설을 작품의 틀로 선택함으로써 당대에 여성작가들에게 주어졌던 전통적인 영역을 벗어나지 않고 또한 이미 당대에 형성되어 있는 감상소설의 독자층을 확보할 수 있게 되었기 때문이다. 그러나 원래 감상소설이 사적인 영역을 그 본령으로 한다고 하여서 공적인 영역의 논의들을 전혀 다루지 못했던 것은 아니었다. 오히려 19세기 말엽 미국 문학에서 여성 작가들과 독자들의 큰 관심을 끌었던 감상소설은 당대에 여성적이고 사적인 영역이라고 여겨졌던 남녀 간의 관계를 다루면서, 그 안에 성, 정치나 인종과 같은 사회적 함의를 가진 다양한 문제들을 엮어 넣을 수 있는 도구가 되었던 것이다. 동시대에 활동했던 아프리카계 미국 여성 작가들인 쿠퍼(Anna Julia Cooper), 홉킨스(Pauline Hopkins), 하퍼(Frances Harper)처럼 19세기 후반 아메리카 원주민 작가들도 문학적 감상성(literary sentimentality)이라는 관습에 기대어 다양한 정치적 참여를 하고 있었고(Bernardin 209), "설교와 사회이론의 중간쯤 되는 정치적인 기획으로서 시대의 가치를 체계화하고 만들어내려고 시도하는 감상소설의 전통" 안에 가정로맨스와 여성과 원주민의 권리에 관한 토론을 섞어놓은 『와이니마』가 위치하여 있다고 할 수 있다(Rouff xxii). 이렇게 감상소설의 전통을 기반으로 하여 『와이니마』는 백인 남녀인 제니비브로와 제럴드(Gerald Keithly), 그리고 원주민 와이니마와 백인남성 로빈(Robin Weir)의 사랑 이야기를 다루면서 여성 문제, 인종의 문제, 혼혈결혼, 혼혈아의 사회적 위치 등 미국 건국의 토대에 대한 재점검을 수행한다.

작품의 제목으로 판단한다면 와이니마가 주인공이지만 와이니마의 교육을 담당하는 제니비브로가 오히려 작품 내에서는 더 큰 비중으로 다루어지고 있다. 태토네티(Lisa Tatonetti)는 제니비브로를 "와이니마보다 캘러헌의 분신에 가까운 인물"(5)로 평가하며 러프 또한 와이니마가 아닌 제니비브로를 이 작품의 주인공으로 파악한다. 러프는 나아가 이 소설이 베임(Nina Baym)이 주장한 바 1820년에서 1870년까지 미국에서 유행했던 여성소설의 전형적 플롯 공식을 가지고 있다고 주장하고 있는데, 그 공식이란 난관에 부딪혀 지성, 의지, 기지, 용기를 가지고 그것을 극복하는 여주인공의 시련과 승리이며, 제니비브로가 바로 그러한 여주인공이라는 것이다(1997 xxi).

그러나 러프의 주장처럼 제니비브로가 "원주민들 사이에서 사는 삶의 역경(the hardships of a life among the Indians)"(4)을 경험하지는 않으며 오히려 원주민들에게 사랑과 존경을 받는다. 즉, 캘러헌은 베임의 공식처럼 지성, 의지, 기지, 용기를 가진 여주인공을 내세우면서도 제니비브로의 역경보다는 원주민 문제나 여성 문제에 독자들의 관심을 집중시키고 있다. "기독교적인 가정성(domesticity)의 수사학에 의해 신성화되고 원주민 문제에서 자아 확립의 기회를 찾은 여성인권운동가"(Ryan 27)로 평가되는 제니비브로는 무스코지 부족으로 초빙되어 와서 원주민들과 와이니마의 교육을 담당한다. "원주민들 사이에서 사는 삶의 역경을 감당할 만큼 육체적으로 강하지 못했지만, 하나님께서 위대한 도덕적 용기와 인내를 그녀에게 허락하셨고, 하나님의 부르심이 너무도 강하게 느껴졌기에 어떤 장애물도 그녀의 길을 막아서지는 못했다"(4)고 묘사되면서 독자들의 절대적인 공감을 확보하는 제니비브로는 원주민들을 교육시키는 과정에서 자신도 "이상한" 원주민 문화에 대한 새로운 조망을 확보하게 되며, 그러한 인식의 성장에는 그녀와 공감을 유지하고 있는 독자들도 참여하게 된다.

원주민 문제에 대한 제니비브로의 교육을 담당하는 인물이 제럴드이다. 그는 등장인물들 중 가장 성숙한 인격을 가진 완벽한 인물로 묘사되며 어떤 사건에서든지 그의 의견은 가장 큰 권위를 가진다. 원주민 교육의 동역자로서 시작된 제니비브로와 제럴드의 서로에 대한 애정과 신뢰는 원주민 문제에 대한 공감대를 확인하면서 점차로 깊어지며, 그는 "무스코지 관습의 의미에 관하여 설명을 제공하는 저자의 주대변인" (Rouff 1997 xxvi)으로서 그녀에게 원주민 문화에 대한 교사 역할을 하게 된다. 이때 이들 두 사람이 원주민 문화에 대하여 나누는 대화를 통하여 독자는 제니비브로와 함께 제럴드로부터 문화 교육을 받게 된다. 그렇다면 "저자의 주대변인"으로서 가장 큰 권위를 가진 제럴드가 견지하고 있는 원주민 문제에 대한 시각은 『와이니마』가 제시하는 원주민 의식의 평가에 중요한 고려 요소가 될 것이다.

제럴드와 제니비브로가 처음 만나는 원주민 축제 장면에서 의사 역할을 하는 주술사에 대하여 "이 원주민들이 그들의 부족치유사에 대하여 맹목적인 믿음을 가지는 것은 이상해요"(16)라는 제니비브로의 말에 제럴드는 다음과 같이 대답한다.

> 아무리 무지하거나 야만적이라도 모든 부족들에게는 나름대로의 의사가 있고, 모든 부족의 의사들은 자기 특유의 치료방식이 있지요. 만일 우리의 의사 중 누구라도 여기 있는 미개인 친구의 병실에 들어가 그 맥박을 재고 혀를 검사해서 처방을 한다면, 당신이 이 의사를 보고 놀란 만큼이나 이 사람들도 그가 하는 일을 보고 놀랄 것이랍니다.

Every people, no matter how ignorant or savage, has its physician, and the M.D. of every race has his peculiar modus operandi. If one of our physicians should come into the sick-room of our savage friends here, and begin to feel the patient's pulse and prescribe, by examining the tongue, these people would be as much surprised at his operations as you were at this M.D.'s. (17)

그리고 이어지는 "로마 사람들 사이에 살면 그들의 법을 지키고, 할 수 있는 한 그들의 관습을 따라야 하지요"(18)라는 제럴드의 결론은 문화적 관용의 자세와 문화상대주의를 드러낸다. 제럴드는 그 뒤로도 원주민의 장례 의식의 일부에 참여하기도 하는 등 원주민 문화에 대한 열린 자세를 실천하는 모습을 보여주기도 한다. 제럴드의 이런 면모에 대하여 "원주민들이 당신과 같은 옹호자를 더 가지지 못한 것은 정말 유감이에요. 그러면 그들이 지금처럼 그토록 지독하게 잘못 그려지지는 않을텐데"(22)라고 말하는 제니비브로의 바람은 곧 저자의 바람이기도 한 것이다.

제니비브로의 고향에서 함께 성장하였고 오랜 기간 동안 그녀의 암묵적 약혼자였던 모리스(Maurice Moran)는 제니비브로를 중심으로 제럴드와 함께 애정의 삼각관계를 이루고 있다. 이들의 관계에는 원주민 문제나 여성 문제와 같은 사회적인 논쟁들이 깊숙이 개입하며, 이러한 사회적 인식의 성숙도가 곧 인격의 척도로서 그에 따라 애정의 성패도 갈리는 것으로 설정되어 있다. 원주민 교육의 동지이자 원주민 문화의 교사인 제럴드의 구애를 정중히 거절하고 고향으로 돌아간 제니비브로는 모리스와의 교제를 다시 시작하지만, 그 관계는 그들의 사회적

인식의 차이에 의해서 곧 깨어지고 만다.

"보수주의자"(A Conservative)라는 제목의 장에서 보수주의자 모리스가 "당신은 사사건건 의견이 너무 강해요 숙녀들은 집안일이나 수예, 옷과 사교 외에는 다른 생각들을 하지 않아야 하고 결혼을 하면 그들 남편의 의견을 그대로 반영해야 하는 것을 모르시오?"(47)라며 비난하는 것에 대하여 제니비브로는 다음과 같이 지적인 인격체로서의 여성의 자주성을 주장한다.

> 여자가 생각이 깊어 '굴에 관한 두 가지 생각'을 가지고 있고 집과 옷에 대한 것 이외에 조금 더 안다고 해서 그 여자가 여성스럽지 않고 건방지다는 생각은 정말 터무니가 없거니와 사실도 아니에요.
>
> The idea of a woman being unwomanly and immodest because she happens to be thoughtful and to have 'two ideas about an oyster,' to know little beyond and above house and dress is perfectly absurd and untrue. (48)

다시 제니비브로와 "토지분할법안"에 대하여 대화를 나누게 된 모리스는 "남자가 여성과 논쟁을 할 때 흔히 그러듯이 봐주는 듯한 태도를 취하며"(56) 여성을 동등한 지적 인격체로 인정하지 않는 모습을 보이며, 사회적인 문제에 관심을 갖는 제니비브로에 대하여 가정과 국가, 사적 영역과 공적 영역의 구분을 넘어서며 원주민 교육운동을 함으로써 여성성을 훼손하고 있다고 비난한다. 이에 제니비브로는 "나는 당신에게 원주민 문제에 대한 의견을 물었는데, 당신은 그 대신에 당신의 미래의 아내를 빚어내고 싶은 모델을 말하고 있군요"(55-6)라며 분노하고 "이 여자를 소유하겠다는 오랜 꿈"(56)을 가졌던 모리스와의 관계를 단절하는데, 여기서 흥미로운 것은 원주민 문제로 시작한 그들의 논쟁이 더 이상 진전되지 않고 곧 여성의 사회 활동과 주체적 삶의 문제로 전환된다는 점이다.

이처럼 제니비브로와 제럴드와 모리스가 이루는 애정 이야기는 원주민 마을과 원주민 교육 문제를 배경으로 하여 진행되지만 정작 갈등의 근원으로 부각되는 것은 여성의 주체성 문제였다. 이러한 양상은 와이니마와 로빈의 관계에서도 마찬가지여서 19세기 말 백인남성과 순혈 원주민 여성의 결혼에 응당 뒤따를 것으로 예상되는 인종 문제는 거의 다루어지지 않는다. 와이니마와 로빈의 관계에서 와이니마가 원주민이기 때문에 겪을만한 현실적인 어려움은 단 한차례 지나가는 듯이 언급될 뿐이다. 로빈의 청혼을 받은 와이니마는 "당신의 어머니가 하찮은 검은 원주민(a little black Indian)을 며느리로 받아들일까요?"라고 물음으로써 자신과 원주민 동족을 비하하며 동시에 아프리카계 미국인에 대한 인종적 편견을 드러낸다. 이에 대하여 로빈은 "내 사랑하는 이가 스스로를 욕하면 안되지요"(62)라며 위로하며 백인과 원주민의 결혼이 백인과 흑인과의 결혼보다는 덜 모욕적이고 덜 부자연스러운 것으로 받아들여졌던 당대의 인식(Thornton 46)을 드러내지만, 그러한 로빈의 반응은 현실에서라면 그들의 결혼이 부딪혔을 만한 문제들을 전혀 다루지 못하고 있다. 이처럼 동화교육을 통해 완벽한 교양을 갖춘 여성이 된 와이니마는 독자들이 거의 원주민으로서 인식하지 못할 만큼 원주민의 정체성을 뚜렷이 보이지 못하고 있다.

이렇게 로빈과 와이니마의 관계에서 원주민 문제는 원경으로 물러나있는 반면 여성의 주체성 문제는 중요하게 다루어진다. 게다가 여기서 다루어지고 있는 여성 문제는 원주민 사회의 여성 문제가 아니라 백인 사회의 여성 문제이다. 그러나 당대의 백인 사회에서는 여성 참정권 운동이 활발히 전개되고 있었던 반면 원주민 사회의 여성의 지위는 훨씬 열악한 상황으로 원주민 여성은 인종차별과 성차별의 이중적 고통을 겪고 있는 상태를 고려해 볼 때, 원주민 여성 작가가 원주민 여성의 문제보다 백인 여성의 문제에 집중하고 있는 것은 특기할 만하다고 할 수 있다.

원주민 사회에서의 여성의 지위에 관하여는 여러 가지 연구가 있다. 캘러웨이(Colin Calloway)에 따르면 유럽인들과의 접촉 이후로 원주민 사회 내에서 오히려 여성의 지위가 하락하였는데, 여성과 어린이에게 유럽에서는 보기 드문 지위를 부여하고 재산과 가계가 여성을 중심으로 형성된 원주민 사회가 여럿 있었지만, 유럽인들이 원주민 남성들과 거래하기를 원하고 평등한 남녀의 관계를 사회적계급과 가족계급의 결여로 해석하면서 유럽의 모델을 따라 원주민 사회를 재구성하는 과정에서 여성들을 종속화되었다는 것이다(191). 미허슈어(Devon Mihesuah)도 원주민 여성은 종교, 정치, 경제에서 최소한 남성과 동등한 지위를 가졌었다고 분석하고 있다(44). 반면 새틀러(Richard Sattler)는 평등한 남녀관계가 형성되었던 체로키 부족과는 대조적으로 캘러헌이 속한 무스코지 부족은 몇 사람에게 권력이 집중된 계급적 사회였으며, 여성을 미성숙하고 극도로 감정적이며 논리적인 토론이 불가능한 존재로 여겼다고 한다(219-21). 이러한 연구들을 종합하면, 원주민 부족들의 다양한 문화에 따라 여성의 지위 또한 다양했으나 미국의 서부 진출로 원주민 사회가 붕괴되고 부족 고유의 문화적 기반이 무너지면서 백인 문화의 영향으로 원주민 여성의 지위는 전반적으로 더욱 하락한 것으로 결론지을 수 있다. 그런데 캘러헌은 제니비브로의 자주적이고 독립적인 삶을 통하여 백인 사회에서의 여성 문제를 원주민 여성 문제보다 중점적으로 다루고 있는 것이다.

『와이니마』에서 원주민 문제가 여성 문제에 가려져 있는 것처럼, 여성 문제에 있어서도 원주민 여성에 대한 관심은 거의 드러나지 않고 백인 사회에서의 여성의 권리에 대한 관심이 중점적으로 다루어지고 있다. 그리고 백인 여성의 지위가 올라감으로써 그 파급효과로 원주민 여성의 지위도 상승하리라는 희망만이 간략하게 피력된다. 선거에서 제외된 여성들의 한계에 대한 자조와 여성들이 모든 측면에서 남성과 동등한 지위에 설 수 있으리라는 미래의 전망을 토로한 와이니마에게 "우리 누나가 이 모든 것을 다른 것과 함께 당신에게 가르치지 않았나요? 당신이 그런 여성 참정권에 대한 강경한 원칙과 생각들을 누나로부터 흡수했음에 틀림없을 것 같군요"(45)라고 로빈이 이야기하자 와이니마는 인종과 관련없이 여성들은 자유와 평등에 대한 열망을 가지고 태어났음을 다음과 같이 밝힌다.

> 당신의 누이와 나는 많은 의견들을 공유하고 있고, 분명히 내가 그녀의 생각들을 받아들이기도 했어요. 나는 그녀의 의견을 매우 존중하니까요. 하지만 자유에 대한 생각은 내 안에서 싹튼 것이에요. 우리 부족의 여자들이 부족회의에서 목소리를 내지 못하는 것은 사실이랍니다. 또 공공모임에서 여자들이 발언을 하지 않지요. 심지에는 교회에서 조차도요. 그렇지만 우리는 보다 문명화된 우리의 백인 자매들

이 그들의 자유를 획득하고, 그럼으로써 우리가 곧 따를 수 있는 모범을 제시해주기를 기다리고 있답니다.

Your sister and I hold many opinions in common, and doubtless, I have imbibed some of hers, as I have the greatest respect for her opinions; but the idea of freedom and liberty was born in me. It is true the women of my country have no voice in the councils; we do not speak in any public gathering, not even in our churches; but we are waiting for our more civilized white sisters to gain their liberty, and thus set us an example which we shall not be slow to follow. (45)

그리고 와이니마는 로빈과의 결혼을 통하여 제니비브로와 자매간으로 묶여짐으로써 그녀가 꿈꾸었던 인종을 초월한 여성들의 연대의 가능성을 구현하고 있다. 이처럼 캘러헌은 두 쌍의 남녀 간의 관계를 통하여 애정 관계 속에 개입되는 사회적인 담화들을 극화하면서도, 헌사를 통해 드러나며 또한 작품의 전체적인 배경이 되고 있는 원주민 문제에 대한 관심 위로 여성 문제를 부각시키고 있다. 그리고 지적이고 주체적인 여성상을 제니비브로와 와이니마를 통해 제시하고 그들의 변화와 성장에 독자들을 참여시키면서 그들과 독자들과의 공감대를 확보하는 것이다.

이들의 사랑이야기는 17장에서 와이니마가 로빈과의 관계를 제니비브로에게 털어놓고 제니비브로는 제럴드를 받아들임으로써 결말을 맺는다. 작품이 이들의 사랑이야기와 함께 여기서 결말을 맺었다면, 『와이니마』는 백인의 시각으로 원주민 문화에 대한 흥미로운 소개를 겸하여 여성의 주체성을 주장하고 있는 여성소설이라든지, 혹은 원주민 문제를 다루고 있지만 "원주민에 의해 서술되는 원주민 이야기"의 진 정성을 담보하지 못하고 관대한 동화주의자의 전망을 제시하는 작품으로 평가받았을 것이다. 그러나 이들의 사랑이야기의 행복한 결말에 바로 이어지는 18장의 "원주민들과의 소요"(Turmoil with Indians)부터 시작되는 이야기들은 이제까지의 평화롭고 목가적인 분위기와는 사뭇 다른 분위기로 작품을 이끌어 가면서 이질적인 요소와 언술들을 등장시켜 작품의 통일성에 위협을 가한다. 그리고 그러한 균열들 사이로 이제까지 전면에 부각되지 않았던 원주민 문제에 대한 본격적인 논의와 새로운 시각들이 제시된다.

III

18장에서 23장까지는 미국 정부의 인색한 보조금 지급 때문에 아사의 위기에 처한 원주민 지정거주구역(Indian Reservation)의 어려운 생활, 그 어려움에서 자신들을 구해줄 메시아가 오도록 밤새도록 춤을 추며 기원을 하는 '정령춤'(Ghost Dance)의 유행, 그것을 위협으로 느끼고 그들을 무력으로 탄압하려고 하는 미국 정부와 그에 대하여 무력으로 대항하려고 하는 원주민들 사이의 불안한 정세, 원주민 지도자 시팅불의 살해와 운디드니의 학살과 같은 사건들이 다루어지면서 전쟁소설이나 역사소설의 성격이 강하게 드러나 앞부분의 연애소설과는 다른 색조를 띤다. 이런 관점에서 『와이니마』는 당대의 역사적 사실과 깊이 연관을 맺고 있는데, 이러한 작품의 역사적 의의를 지적한 비평가로는 태토네티(Lisa Tatonetti)와 새니어(Siobhan Senier)가 있다. 태토네티는 이러한 격동기에 쓰여진 『와이니마』가 정령춤의 유행과 운디드니의 학살이라는 커다란 두 사건에 대한 최초의 문학적 재창조의 의의를 가진다고 평가한다(1). 반면 새니어는 이 작품의 의의를 원주민 토지분할정책에 대한 근본적인 반대라고 했으며, 당대의 원주민 옹호자들이 토지분할정책과 동화주의에 찬성한 것을 고려할 때 이러한 반대는 중요한 의미가 있다고 평가했다(420).

그런데 문학적 관점에서 볼 때의 문제점은 이러한 역사적 사건이 작품에 녹아들어가지 못하고 통일성을 훼손하고 있다는 점이다. 또한 당대의 신문 기사나 등장인물간의 토론, 역사적 사건에 대한 직접적인 서술과 학살 피해자의 증언 등 다양한 이질적 요소들이 혼재하여 있어 더욱더 작품의 통일성을 깨뜨리고 있다. 게다가 이 부분에서는 앞에서 배경에 묻혀있던 원주민 문제가 중점적으로 부각되면서 그에 대한 시각 또한 새로운 양상으로 제시되고 있다. 그렇기에 앞에서 언급한 것처럼 작품이 거의 완성된 후에 일어난 운디드니 학살에 자극을 받아 뒷부분이 뒤늦게 첨가된 것이라는 주장(Rouff 1997 xxvi) 또한 설득력을 가질 수 있는 것이다. "초기의 로맨스로부터의 급작스러운 이탈"인 이 부분에 대하여 태토네티(Lisa Tatonetti)는 "캘러헌이 서구 로맨스와 동화주의 옹호 이야기라는 규범적인 관례에서 벗어나 다른 이야기를 시작하는 의미있는 내러티브적 행위로서, 여기서는 백인 등장인물이 아닌 원주민들이 마침내 부족의 역사를 이야기하기 시작한다"(7)고 설득력있게 그 의의를 부여하고 있다.

앞부분에서는 남녀의 로맨스가 원주민 마을의 원주민 교육문제와 연계되어 펼쳐지지만, 원주민 문제는 여성 문제에 종속되어 있었고 본격적으로 다루어지지 않았었다. 와이니마라는 원주민 주인공의 이름을 작품의 제목으로 내세웠으면서도 와이니마는 부제가 말하는 것처럼 숲의 아이(A Child of Forest)와 같은 순수함이 강조되는 교육의 대상일 뿐 원주민으로서의 주체적 의식을 보여주지 못한다. 그녀는 동화정책의 효용성을 증명하는 시금석의 역할을 하며, "미천한 사람들 사이에 문명과 기독교를 보급하기 위하여"(2) 감리교총회에서 보낸 기독교학교 감독관 제럴드가 "이 어린 원주민 여자아이의 가슴에 잠들어 있던 지식과 보다 고귀한 삶에 대한 야망에 불을 붙였으며"(3), 제니비브로에게 깊은 애착을 느끼며 그녀를 삶의 모델로 삼으며 그녀를 모방하고 성장하여 결국 그녀의 동생인 로빈과 결혼하여 자매관계가 됨으로써 작품에서 가장 이상적으로 제시되고 있는 백인 여성으로의 동화 과정을 완결한다. 와이니마의 의견과 사고 방식은 그녀에게 백인의 교육을 적용하는 제니비브로에게 절대적으로 종속되는 듯하며, 반면 원주민 문화에 대한 제니비브로의 백인중심주의적인 관점은 관용과 문화상대주의에 대한 제럴드의 교육을 받고 보다 폭넓은 시각으로 변모하게 된다. 원주민 여성, 백인 여성, 백인 남성으로 이어지는 권위의 계급은 기존의 인종적, 성적 위계질서를 그대로 답습하는 전통적인 시각을 보여주고 있는 것이다.

더욱이 제럴드가 보여주는 문화상대주의는 백인 우월주의나 백인중심주의보다는 타문화에 대하여 관대하지만, 백인 문화의 우월성과 동화 교육의 필요성에 대한 확고한 신념위에 기초한 관용이기 때문에 원주민의 주권과 원주민 문화의 자율성에 관한 인정이라고 판단하기는 어렵다. 크루팻(Arnold Krupat)은 이러한 관용의 한계에 관하여 "문화상대주의나 다문화주의는 사회적, 경제적, 정치적 평등 대신 약간의 문화적 평등을 제공함으로써 오히려 인종주의를 강화한다. 다를 권리는 계급적 관계가 유지된다는 전제 위에 다수가 소수에게 용인하는 것이며 다를 권리가 결코 평등을 가지고 오는 것은 아니다"(1996 25)고 지적한 바 있는데, 원주민의 의식에 참여하면서 "로마에 가면 로마 사람들처럼 하려고 노력하지요. 그렇게 하는 것이 나나 다른 사람에게 해롭지 않다면 말이지요"(27)라는 제럴드의 태도 또한 원주민 문화에 대한 진정한 존중이라고 하기에는 무리가 있는 것이다. 그런데 앞부분에서 원주민 문화에 대한 가장 권위있는 자세가 이러한 제럴드의 문화상대주의였다면 18장부터는 이와 같이 백인 독자들에게 안전하게 받아들여질 수 있는 원주민 문제에 대한 전망과는 다른 이질적인 목소리들이 등장하기 시작하는 것이다.

우선 18장에서 소개되는 백인 신문에서 "만일 미국 군대가 그 춤추는 원주민들 중 몇천명 정도만 죽이면 더 이상의 문제는 없을 것이다"(73)라는 기사에 대하여 응대하는 이는 백인이 아닌 해드조(Hadjo)라는 원주민인데, 그의 웅변은 백인 사회와 기독교인들의 위선에 대한 통렬한 비판이며 백인 문화에 대한 원주민 문화의 우월성의 선언이다.

백인종이 실천하는 도덕규범은 원주민의 도덕규범과는 비교가 되지 않는다. 우리는 변호사나 설교자에게 돈을 지불하지 않지만 당신들의 십분의 일도 범죄가 없다. 만일 우리의 구세주가 온다 해도, 우리는 당신들에게 우리의 믿음을 강요하려 하지는 않을 것이다. 우리의 정령춤에 참여하지 않는다고 해서 죄없는 여자들을 말뚝에 묶어 태우지도 않을 것이며 남자들을 말에 묶어 조각이 나도록 당기지도 않을 것이다.[...] 백인의 천국은 원주민 본성에는 혐오스러운 것이니 만일 백인의 지옥이 당신들 마음에 든다면 당신들이나 가져라. 그걸 채우기에 충분한 백인 악당들이 있을테니까.

The code of morals practiced by the white race will not compare with the morals of the Indians. We pay no lawyers or preachers, but we have not one-tenth part of the crime that you do. If our Messiah does come, we will not try to force you into our belief. We will never burn innocent women at the stake, or pull men to pieces with horse because they refuse to join with us in our ghost dance. . . . The white man's heaven is repulsive to the Indian nature, and if the white man's hell suits you, keep it. I think there will be white rogues enough to fill it. (73-4)

독실한 복음주의 기독교인 저자의 작품에 나오는 언술이라고는 상상할 수 없는 이러한 기독교인들에 대한 신랄한 비판은 태토네티의 지적처럼 "복음주의적인 열정이 『와이니마』에 속속들이 배어있음에도 불구하고, 원주민에 대한 미국 정부의 억압을 다루면서 캘러헌의 기독교는 도전받고 있으며,"(6) 이 작품을 통하여 캘러헌은 미국이 기독교적 이상 사회를 실현하는데 실패하였음을 보여주고 있다고 할 수 있다.

미국과 백인들의 독선과 잔혹함에 대한 원주민들의 직접적이고 통렬한 비판 후에 20장에서는 무력 저항을 할 것인가 아니면 무기를 내려놓고 굶주림의 삶이 기다리고 있는 원주민 지정거주지역으로 돌아갈 것인가에 대한 원주민들 간의 논쟁이 이어진다. 패배가 자명한 전쟁을 시작하려는 원주민들을 말리려고 간 제럴드의 동료이자 백인 선교사인 칼(Carl Peterson)과 로빈이 펼치는 '평화'의 내러티브는 "군인의 명령에 복종하지 않았다고 해서 나의 고귀한 동료들이 살해당하는 것들을 보며, 우리 목전에서 우리의 아내와 아이들이 개처럼 총에 맞아 쓰러지는 것을 보며 평화라는 말을 들을 수가 있겠는가?"(81)라는 젊은 원주민 추장 와일드파이어(Wildfire)의 웅변으로 침묵당한다.

해드조, 와일드파이어, 그리고 이유없이 학살당하여 죽은 원주민의 시체들을 통하여서까지 저항과 복수를 부르짖는 원주민들의 목소리는 작품의 후반부에서 이처럼 강력하게 원주민의 주권과 주체성을 회복할 것을 주장하면서 백인들의 목소리를 압도하는 것이다. 이들은 백인의 의견을 경청하던 전반부의 원주민들과는 달리 "당신은 친절하고 좋은 의도를 가지고 있어요. 그러나 당신은 결코 나처럼 이런 일들을 이해할 수 없지요. 당신은 억압을 받아본 적이 없으니까요"(85)라든지 "당신은 나에게 아주 친절하지만, 원주민이 아니지요"(99)라며 그들과 백인들 사이에는 건널 수 없는 벽이 있음을, 백인들은 그들의 처지와 생각을 결코 이해할 수 없음을 지적한다.

이어지는 운디드니의 학살 현장에 대한 서술은 와일드파이어의 아내 미스코나(Miscona)를 중심으로 서술되며 그 학살에서 남편과 아들을 잃은 늙은 노파 치키나(Chikena)의 입을 통하여 독자들에게 전달된다. 남성 중심의 역사는 미스코나와 치키나를 통하여 인간화, 여성화되며, 그것은 전쟁과 승패와 숫자의 추상적 역사가 아니라 깨어진 가정과 잃어버린 사랑의 이야기로 변모한다. 화자 또한 이제는 직접 나서서 전쟁에 대한 백인 중심의 공식적인 내러티브를 거부하며 원주민의 목소리를 내겠다는 자신의 의지를 밝힌다.

신문들은 약간의 사소한 접전과 몇 명의 "원주민 녀석들"의 죽음과 함께 북서부의 전쟁은 끝났다고 한다.

"그렇지만," 나의 독자들이여, 당신들은 묻는다. "백인들은 손실을 겪지 않았나? 미국 군대는 두 명의 용감한 지휘관과 많은 병사들을 잃지 않았나?" 아, 그렇지. 그렇게 신문들은 우리에게 말하고 있지. 그렇지만 나는 백인 군인의 용감한(?) 행위를 이야기하지는 않겠다. 그것들은 이미 전선을 타고 전 세계에 순식간에 전해졌고, 위대한 작가들이 세상에 그들의 이야기를 하느라고 한밤중까지 작업을 하고 있으니까. 위대하고 강한 나라가 몇 명의 '원주민 녀석'들의 춤 때문에 일어난 폭동을 진압한 것이, 문명화된 군인들이 원주민 여자와 아이들을 가리지 않고 학살한 것이 얼마나 용감한 일인가를 보여주는 것은 내 영역이 아니다. 분명, 그것은 용감한 일이었다. 여론이 우리에게 그렇게 말하고 있고 그건 틀릴 리가 없을테니. 그러나 미래의 세대들에게 전해질 역사적 기록은 그들에게 무엇을 밝혀줄 것인가? 미국 정부가 원주민을 다룬 방식이 옳고 명예로운 것이었다고 역사는 말할까? 아, 그렇지만 그것이 내 이야기에 영향을 주지는 않는다. 이건 원주민의 이야기, 부당한 대우와 억압에 대한 그의 이야기니까.

With a few slight skirmishes, the papers say, only the death of a few "Indian bucks," the war of the Northwest ended.

"But," you ask, my reader, "did not the white people undergo any privations? Did not the United States army lose two brave commanders and a number of privates?" Oh, yes. So the papers tell us: but I am not relating the brave(?) deeds of the white soldier. They are already flashed over the world by electricity; great writers have burned the midnight oil telling their story to the world. It is not my province to show how brave it was for a great, strong nation to quell a riot caused by the dancing of a few 'bucks'—for civilized soldiers to slaughter indiscriminately, Indian women and children. Doubtless it was brave, for so public opinion tells us, and it cannot err. But what will the annals of history handed down to future generations disclose to them? Will history term the treatment of the Indians by the United States Government, right and honorable? Ah, but that does not affect my story! It is the Indian's story—his chapter of wrongs and oppressions. (92-3)

이렇게 작품의 전반부와는 다르게 화자와 등장인물들은 17장까지 진행되던 편안한 동화주의와는 판이하게 다른 공격적인 비판과 강한 저항의 목소리를 내며, 백인 인물들은 원주민에 대한 정책이 바뀌지 않을 경우에 도래할 복수와 불행에 대하여 근심한다.

그렇다면 이 작품은 어떻게 결말을 맺는가? 치키나는 임종의 자리에서 "몇 해 가지 않아 원주민은 과거의 부족이 되고 말거야"(104)라며 원주민의 멸절을 예언하기도 하지만, 그 뒤로 바로 이어지는 미래의 이야기는 운디드니의 학살지에서 발견된 원주민 갓난아기 세 명이 제니비브로와 와이니마 그리고 제니비브로의 여동생 베시(Bessie)의 가정에 각각 입양되어 훌륭하게 성장하였다는 이야기이다. "유명한 음악가이자 지혜로운 여자"(104)로 성장한 미스코나, 기독교 사역자로 미개한 부족을 위해 선교를 하는 메트벤(Methven Keithly), 그리고 의사이자 선교사로서 원주민 부족의 건강을 돌보는 클락(Clark Peterson)은 와이니마 세대에서 백인들이 담당하던 역할을 원주민들이 담당하게 되는 단계적 발전과 함께 부족적 정체성에 뿌리를 둔 동화가 성공하였음을 암시하고 있는 것이다. 작품의 후반부에서 들리는 정부의 원주민 정책에 대한 원주민들의 강력한 비판과 저항과는 달리, 그리고 화자가 주장하는 "부당한 대우와 억압의 이야기"(93)와는 거리를 두며, 이 작품의 주인공들은 행복한 결말을 맞으며 백인 동화교육의 성공적 결과를 극화해내고 있다.

그러나 엄밀하게 보면 이러한 결말의 양상은 일반적인 동화주의와는 차별성을 가진다. 우선 와이니마는 백인 남성과 결혼하지만 그녀가 부족을 떠나서 백인 사회로 가는 것이 아니라 와이니마의 고향에 제니비브로와 제럴드, 와이니마와 로빈, 그리고 제니비브로의 다른 자매들과 그들의 배우자들, 그리고 제니비브로의 어머니까지 모두 함께 "행복하고 번성하며 성장하는 형제자매들이 이루는 가족들"(103)로서 정착하고 있다. 더구나 이 정착지의 이름은 와이니마로서 천막들의 촌락에서 마을을 거쳐 시로 번창해가는 원주민 마을에 원주민들이 제니비브로라는 이름을 붙이겠다고 제안했으나 그녀가 자신의 이름은 마을의 성격과 맞지 않다며 와이니마라는 이름을 권하여 붙여진 것이다. 와이니마라는 원주민 도시에서의 행복한 가족의 모습은 캘러헌이 이상적으로 생각하는 미래의 사회가 부족의 정체성을 포기하지 않고 오히려 백인들까지도 포용하여 동등한 관계를 맺는 사회임을 시사한다고도 해석할 수 있을 것이다.

작품의 후반으로 갈수록 비중이 커지는 제니비브로의 어머니, 와이니마 그리고 제니비브로가 중심이 되는 이상적인 공동체에서 이들 여성들은 미국 사회를 이끌어갈 이상적인 시민을 양성하는 중요한 기능을 떠맡는다. 그리고 와이니마와 제니비브로의 자매애적인 결합은 여성의 공통적 도덕적 토대에 기초하여 성, 지역, 인종적인 결합을 내세우려는 소설의 기획을 보여주고 있는 것이다(Bernardin 214). 이 여성들은 가정의 중심적인 기능을 하며, "남편의 가부장적 통제보다는 아내의 도덕적 권위를 중심으로 하는"(Rouff 1997 xxii) 기독교적인 가정을 지키고 이상적인 시민 양성이라는 사회적인 기능을 담당하면서, 그 댓가로 남성의 기득권에 대하여 새로이 건설되는 사회의 일원으로서 인정받기를 주장하고 있다. 드본스(Carol Devons)는 "소녀들이 소년들보다 더 훈련이 필요하며 그들이 미래에 더 큰 영향을 미칠 것이다. 우리가 소녀들을 확보할 수 있다면, 그 부족을 확보하는 것이다"라는 당대 정치가의 말을 인용하며 인종을 막론하고 미래의 이상적 시민을 길러내는데 핵심적인 여성의 역할과 미국 사회에서의 원주민 여성의 역할의 중요성에 대하여 당대의 사람들이 인식하고 있었음을 지적한다(159). 이렇게 원주민 여성 와이니마도 백인 여성과 동등하게 미래의 시민을 키워내는 역할을 담당함으로써 미국 사회에 편입될 가능성을 제시해주고 있는 것이다. 그리고 "거기 그들이, 코카서스 인종과 미대륙의 원주민이, 백인과 원주민이 있었다. 그리고 숲의 아이 와이니마는 가장 천하지도 않고, 가장 무지하지도 않으며, 무시당하지도 않고, 지적이고 행복하며 사랑받는 아내였다"(104)는 결말은 백인 사회가 부과하는 비천하고 무지하며 무시당하는 원주민의 전형을 거부하고, 백인여성과 동등하게 원주민 여성을 위치시킴으로써 미국 공화국에서의 원주민의 위치를 확보하려고 하고 있는 것이다. 그리고 이러한 행복한 결말 뒤로 작품의 후반부를 주도했던 저항과 비판의 원주민 목소리는 잦아들고 있다.

IV

　최초의 원주민 여성작가의 작품으로서『와이니마』는 이제까지 백인 작가들이 보여주지 못한 원주민의 시각을 형상화하는데 성공하고 있다.『와이니마』의 진보성은 앞에서 가장 진보적인 작품이라고 평가했었던『호프 레슬리』와 비교할 때 뚜렷이 드러난다. 우선 각 작품의 제목이 드러내고 있는 것처럼『호프 레슬리』에서는 매력있고 자주적인 원주민 여성 매가위스카가 상당히 인상적으로 부각되고 있음에도 불구하고 작품의 초점이 백인 여성 호프에게 가있는 반면,『와이니마』는 원주민 여성 와이니마에 초점을 맞춘 상태에서 그녀를 둘러싼 백인 인물들이 그려지고 있다. 또한『호프 레슬리』에서는 백인 청교도 사회가 배경이 되면서 매가위스카의 동화 여부가 논의되다가 매가위스카가 그것을 거부하고 떠나는 것으로 결말을 맺는 반면,『와이니마』는 원주민 주거지가 배경이 되면서, 그곳으로 찾아와 원주민 교육을 하는 백인 여선생 제니비브(Genevieve Weir)와 그녀가 총애하는 학생 와이니마가 돈독한 우정과 영속적인 자매애를 맺는다. 나아가『호프 레슬리』에서는 매가위스카와 에버렐의 혼혈간 애정관계가 진행되지 못하고 남매와 같은 애정으로 변환되는데 반하여 와이니마와 제니비브의 남동생 로빈(Robin Weir)의 혼혈간 애정 관계는 상호존중하는 결혼과 행복한 가정생활로 이어져 19세기 작품으로서는 드물게 혼혈결혼에 대한 긍정적인 전망을 제시한다.

　이제『와이니마』에 대한 두 가지 비판으로 돌아가 보면, 통일성의 결여는 주로 후반부에 관한 비판이며, 원주민 주권의식의 결여에 관한 비판은 전반부에 관한 비판이라고 나누어 볼 수 있다. 즉 후반부에서 원주민의 언술들이 직접 튀어나오게 되면서 앞부분과의 통일성이 무너졌지만, 그 언술들은 앞에서 주류를 이루었던 동화주의적 전망에 담기지 않는 주권의식의 발현을 보여준다고 할 수 있는 것이다. 러프의 주장처럼 작품이 거의 완성된 후에 운디드니 학살에 자극을 받아 뒷부분이 덧붙여진 것이라면 이 부분의 언술들도 주요 인물들인 제럴드와 와이니마 그리고 제니비브로가 이끌어가야 할텐데, 이들 인물들은 뒤로 물러나 다른 가족들과 유사한 수준에서 코러스의 역할로 축소되고 있다. 즉, 저자는 이들 주요 인물들에게는 원주민 문제에 관하여 당대의 백인 독자들에게 받아들여질 만한 언술들을 맡기고, 그러한 범위를 벗어나는 전망은 다른 다양한, 그리고 앞부분의 이야기와는 이질적으로 느껴지는 요소를 동원하여 제시하고 있으며, 그 결과 작품의 통일성에 대한 비판을 받고 있는 것이다.

『와이니마』에서 제시하고 있는 원주민 문제에 대한 전망들, 즉 와이니마의 행복한 삶을 통해 보여주는 동화주의의 수용은 원주민에게 우호적인 백인과 다수의 원주민들 사이에서 보편적인 견해였으며, 부족의 정체성을 유지해야 한다는 주장과 백인에 의한 원주민의 권리와 생존권의 침탈에 대한 비판과 저항은 당대의 격동적 상황 속에서 부상하던 견해였다. 이 작품이 쓰여진 때는 1880년부터 유행하기 시작한 정령춤으로 촉발된 불안과 탄압, 1890년 12월의 시팅불의 살해와 운디드니 원주민 대학살 사건 등이 이어지면서 불안정한 정세 속에서 그동안 추진되어 오던 '인도주의적인' 원주민 개혁운동과 동화정책 대신 폭력적 억압이 득세하던 시기였다. 게다가 원주민들에게 땅을 분할하여 경작하게 하겠다는 도스 토지할당법(Dawes Allotment Act)은 개인 토지소유의 개념이 없던 원주민의 문화적 전제를 흔들어놓는 것이기 때문에 이 안에 대한 격렬한 논쟁이 당대 원주민 사회와 백인 사회를 휩쓸고 있기도 하였다.

도스 시대(Dawes Era)라고도 불리는 이 시기의 저널리즘을 연구한 뱃커(Carol Batker)는 당대의 원주민 여성들이 원주민 통합공동체와 동화정책이라는 상호모순적인 개념을 동시에 옹호했다고 주장한다(190). 즉, 원주민 정체성과 문화를 거부하면서 동화를 주장한 것이 아니라, 동화를 받아들이면서도 원주민 문화가 미국 사회의 불가결한 요소로서 받아들여지고 주류문화로 동등하게 편입되어야 한다고 주장하며 원주민 정체성과 원주민의 권리를 옹호하는 수사학을 발전시켰다는 것이다 (191). "동화정책에 대한 케이스 스터디"(Tatonetti 2)이며 주인공 와이니마의 행복한 결혼을 통해 동화주의의 성공적인 케이스를 제시하고 있는 이 작품에서도 동화주의의 경계를 벗어나는 원주민의 정체성에 대한 상당한 주권 의식이 발견된다. 뱃커의 시대 분석을 고려한다면 와이니마의 결혼을 통해 드러나는 동화주의적인 플롯과 더불어 그럼에도 불구하고 와이니마가 이루는 세계가 원주민 문화의 정체성을 유지하고 있는 것은 캘러헌이 당대 원주민 여성들의 사고방식과 그 궤적을 같이 하고 있는 결과라고 할 수 있다.

이러한 동화정책에의 수용이라든지 부족의 정체성 유지에 대한 주장과 더불어, 더욱 심각해져가는 원주민 억압과 침탈에 대항하는 강경한 저항 의식 또한 격동의 시대에 대한 자연스러운 반응이다. 그러나 이러한 목소리를 작품의 중심인물들을 통해 극화하는 것은 백인 독자들을 대상으로 작품을 쓰는 원주민 작가로서는 부담스러운 일이었을 것이다. 작품의 앞부분에서 백인 독자, 특히 여성 독자들을 확보하기 위하여 감상소설 장르를 채택하고, 원주민 여성 와이니마보다 독자들의 공감을 확보할 수 있는 자주적인 백인 여성 제니비브로, 그리고 완벽한 백인 남성 제럴드를 앞세워 원주민 문화에 대한 독자의 교육을 전략적으로 수행하며, 원주민 문제를 백인 사회내의 여성의 자주적 활동이라는 문제로 변환시켜 제시하며 독자들과 공감을 확보하기 위한 다양한 전략을 사용하였던 캘러헌은 이러한 목소리를 작품에 담기위한 전략을 구사한다. 왜냐하면 백인의 원주민 정책에 관한 강력한 비판을 이들 주인공들에게 맡긴다는 것은 이제까지 확보한 독자들의 공감을 잃는 위험을 수반할 것이기 때문이다.

그 전략으로서 캘러헌은 후반부에 강하게 드러나는 강력한 정부 정책 비판과 기독교 비판을 앞에서 이어지는 남녀 간의 사랑 이야기에 연계시키지 않고 백인의 신문기사나 원주민들 간의 토론 등 다양한 장치들을 동원하고 원주민 인물들을 직접 등장시켜 제시하고 있는 것이다. 특히 캘러헌은 미국 정부의 폭력적 억압의 희생자인 원주민 여성의 입을 통하여 원주민 탄압의 역사적 사건들을 서술함으로써 미국의 정치적 토대가 무력한 소수들에 대한 탄압으로 이루어졌다는 것을 보이고 있다. 그러한 장치를 통하여 전투와 정복과 전쟁의 역사가 아닌 가정의 형성과 유지와 붕괴에 작용하는 정치적인 힘으로 역사가 다시 쓰여지면서 백인 독자들은 그들의 원주민 정책의 잔혹함을 구체적으로 느끼게 된다.

이러한 작품의 전략에서는 백인 독자를 상대로 그들의 원주민 정책에 비난하는 작품을 쓰는 곤경에 대한 원주민 작가의 반응을 엿볼 수 있다. 현대의 원주민계 미국인 여성작가 버드(Gloria Bird)는 "원주민 여성 작가로서 글을 쓰고 출판이 되기 위해서는 권위자로서 인정받는 압도적으로 남성인 주류 집단에 의해 우리의 언어들이 편집당하거나 받아들여지는 출판 산업을 모사한 체제 안에서 작업한다"(22)며 저작 과정에서 백인 남성이라는 주류 집단을 의식하지 않을 수가 없는 소수민족 여성 작가로서의 자의식을 고백한 바 있다. 현재의 상황이 그렇다면, 19세기 말엽 기독교화된 원주민 여성이었던 캘러한으로서는 원주민 문제의 가해자이자 자신의 신앙의 동료이며 독자들인 백인에 대하여 더욱 복합적인 의식을 가질 수밖에 없었을 것이다.

캘러헌은 백인을 독자로 글을 써야하는 원주민 작가로서, 판사이자 배심원인 백인 독자들에게 그들의 원주민의 정책이 부당하다는 고발과 경고를 하며 원주민들이 미국 사회에서 펼칠 수 있는 가능성을 설득하는 작업을 이 작품을 통하여 수행하고 있다. 그리고 통일성과 주권의식의 결여로 흔히 지적되는 작품의 면모는 의도된 것으로서, 백인 독자들의 공감을 잃지 않으면서 "원주민으로 태어나고 자란 원주민에 의해서 서술되는 원주민 측의 이야기"로 백인 독자들을 설득하기 위한 전략의 결과이며, 그 이질적인 요소와 언술들을 통하여 오히려 원주민 주권의식을 강하게 주장하고 있는 것이다. 캘러헌은 그녀의 이러한 전략을 통하여 그녀의 뒤를 잇는 소수인종 작가들에게 주어진 과제, 즉 백인 독자들을 상대로 그들의 주장을 펼칠 수 있는 형식을 찾아야 한다는 과제의 답으로써 하나의 실험적 형식을 제시하고 있다고 할 수 있다.

제 12 장

+-+-+-+-+-+-+-+-+-+-+-+-+-+-+-+-+-+-+-+

실코Leslie Marmon Silko의 『이야기꾼』

I

스콧 모마디(N. Scott Momaday)가 『새벽으로 지은 집』(*House Made of Dawn*)으로 1968년 퓰리쳐 상을 수상하면서 본격적으로 영미 문단의 주목을 받기 시작한 아메리카 원주민 문학은 '아메리카 원주민 르네상스'(American Native Renaissance)라는 표현에 걸맞게 문단과 학계의 중심부로 부상하였고, 이제는 웰치(James Welch), 어드릭(Louise Erdrich), 실코(Leslie Marmon Silko) 등 일군의 아메리카 원주민 작가의 작품들이 미국 문학 정전에 편입되어 널리 읽히고 연구되고 있다. 이러한 현대 아메리카 원주민 작가들에 대한 관심은 그들의 생활과 교육, 문화수준이 전반적으로 향상되면서 이 부류의 작가들이 영어권 문단에 대거 진출하게 되었기 때문이기도 하지만, 또한 서구의 물질적이고 개발 우선주의적인 자본주의 이데올로기가 인간의 정신과 삶에 초래한 폐해를 인식하게 되면서 그에 대한 대안을 찾으려는 서구사회의 노력의 또 다른 표현이기도 하다. 즉, 아메리카 원주민들이 담지하고 있는 관계지향적인 세계관, 대가족 사회의 혈연적 유대, 생태적 인식, 개체와 전체의 통합과 조화, 그리고 포용의 정신 속에서 현대 서구사회가 봉착한 제반 문제점들에 대한 새로운 인식과 조망을 찾아보려는 시도가 바로 그러한 관심의 근원에 있는 것이다.

아메리카 원주민 문학에 대한 문단과 학계의 관심은 주로 현대 작가들에 국한되어 있다. 유럽인들이 아메리카 대륙에 발을 딛기 이삼만 년 전부터 원주민들이 대륙의 전역에 퍼져서 그들만의 독특한 문화를 이루며 살아왔음에도 불구하고 그들의 문학에 대한 관심이 현대 이전 시대로는 미치지 못하는 것은, 바로 그들의 전통적 문학의 형태가 구전문학이었으며 그것의 매체인 언어가 영어가 아니라는 사실에 기인한다. 이들에게 있어서 구전 문학은 곧 부족 고유의 전통과 경험을 후대에 전승하는 핵심적인 도구로서 그들 문화의 총체적 결정체라고 할 수 있을 만큼 핵심적인 것이었지만, 그것이 문자로 기록되어 있지 않기에 역사 속에서 백인에 의한 동화와 말살정책을 겪으면서 차차 사라져갔던 것이다. 약 300여개의 다양한 부족언어들을 통해서 전해지던 이들의 구전 문학들을 현재는 미국 민속국(Bureau of American Ethnology), 미국 민속학회(American Ethnological Society), 미국 민간전승학회(American Folklore Society) 등의 기구들이 받아적기와 번역작업을 통해 기록하려고 노력하고 있으며, 백인 학자들과 아메리카 원주민 학자, 작가들 또한 이를 글로 보존하고 연구하는 작업을 수행하고 있지만, 구전 문학에 대한 관심은 이들 사회를 이해하는데 있어서의 그 중요성에 비하여, 또한 현대 원주민 작가들이 받는 관심에 비하여 현격히 부족한 실정이라 하겠다(Ruoff 1990 327).

공동체의 전통과 관습과 문화, 금기 등을 후대에 전승하는 주요한 수단으로서 이야기라는 구전 문학이 사용되는 것은 어느 집단에서나 공통적으로 발견되는 현상이다. 아메리카 원주민의 경우에는 문자나 공적인 교육제도를 가지고 있지 않았기에 그러한 문화의 전수 기능으로서 구전 문학에 대한 의존도가 더 클 수밖에 없었음을 짐작할 수 있지만, 그들에게 이야기는 보다 근원적인 중요성을 가진다. 아메리카 원주민 시인 오티즈(Simon J. Ortiz)는 "담이 어떻게 버티고 있는가에 대한 이야기"(A Story of How a Wall Stands)라는 시에서 그들의 문화를 하나로 묶어주고 있는 것이 바로 이야기임을 노래하고 있다. 금방이라도 쓰러질 듯한 400여년 된 석탑 납골당을 바라보며 석공 아버지는 '그것이 겉으로 보기에는 돌들을 그저 쌓아올려 놓은 것처럼 보이지만, 섬세하게 손으로 반죽하여 발라놓은 진흙이 그것들을 강하게 연결해주고 있다'고 화자 아들에게 이야기해준다. 그리고 화자는 아버지가 자신에게 해주는 이야기가 바로 이 석탑을 오래 오래 서있게 해주는 것임을 마지막 연에서 다음과 같이 노래한다.

> 아버지는 나에게 그것들에 대하여 이야기해주시지.
> 그 이야기는 그의 손바닥 안에서 빚어지고,
> 그의 손가락은 돌과 진흙을 섞어서
> 마침내 그건
> 오래 오래 서있는 담이 된다.

He tells me those things,

the story of them worked

with his fingers, in the palm of his hands, working the stone

and the mud until they become

the wall that stands a long, long time. (140)

이렇듯 이야기를 통하여, 그리고 이야기에 대한 기억을 통하여 이들의 전통은 이어지며 구성원들을 통합하고 개인의 의식을 모양짓는 것이다. 대표적인 아메리카 원주민 작가이자 학자인 앨런(Paula Gunn Allen)은 이렇게 세대에서 세대로 전수되는 이야기가 그들에게 갖는 의미에 대하여 "이런 이야기들을 통하여, 내가 누구이고, 내가 어떤 사람이 되어야 하고, 내가 어떤 이들의 후손이고, 어떤 이들이 나의 뒤를 이을 것인지를 어머니는 나에게 말씀해주셨다"고 이야기하고 있기도 하다(46).

파커(Robert Parker)는 그들 문화 내에서의 구전 문학의 중요성에 대하여 그것이 "젊은 청년의 남성성의 위협, 시학, 지배문화가 권위로 간주하는 것에 대한 원주민 문화의 재협상"이라는 주제들과 함께 원주민 미국 문학의 중요한 네 가지 토픽을 이룬다고 지적한 다(3). 이처럼 아메리카 원주민에게 구전 문학이 중요한 것이라면, 이들 종족에 대한 연구의 한 중요한 분야가 이들의 구전 문학에 대한, 그리고 그것이 그들에게 과연 어떠한 의미를 가지는가에 대한 연구임은 당연한 것이리라 생각된다.

이러한 관점으로 아메리카 원주민 문화와 문학에 접근하려는 우리에게 적절한 텍스트를 제공해주는 작가가 바로 라구나 출신의 아메리카 원주민 작가 실코라고 할 수 있다. "우리의 가장 큰 천연자원은 이야기와 이야기하기이다. 우리는 끊임없이, 지속적으로 이야기를 공급받고 있다"(Our greatest natural resource is stories and storytelling. We have an endless, continuing, ongoing supply of stories.)라는 실코의 고백에서 드러나듯이(Ellen 5), 실코는 이야기를 자신들의 문화에서 가장 핵심적인 것으로 간주하고 있으며, 더욱이 그 이야기가 과거에 완결되고 확정되어 전해지는 것이 아니라 현재에도 계속 생산되고 부가되며 변화하는 과정으로서 현재적인 의미를 가지는 것으로 파악하고 있다. 그러면 실코의 작품 『이야기꾼』을 통하여 실코에게 있어서, 그리고 라구나 부족, 보다 넓게는 아메리카 원주민 문화와 전통 속에서 이야기가 어떠한 의미를 가지는지를 살펴보고, 그러한 작업을 통하여 이야기를 통하여 나타나는 그들의 전통적 세계관이 현대 사회를 사는 그들에게 주는 의미와 서구 사회에 주는 의미를 짚어보도록 하겠다.

II

데리다는 말과 글을 이원화하고 말을 일차적인 것으로, 그리고 글을 이차적인 것으로 간주하는 서구철학의 전제를 비판하면서 레비스트로스의 『슬픈 열대』(*Tristes Tropiques*)를 언급한 바 있다. 레비스트로스가 말이 글보다 우월한 것이고, 브라질의 한 원주민 부족처럼 말만이 존재하던 사회에 글이 도입되는 과정을 하나의 상실로 그리는 이면에는 구전 담화를 이상화하는 관점에도 내포되어 있는바 구전 담화가 문자 담화의 정교함을 결여한 것으로 보는 인식이 전제되어 있는데, 이것은 반식민주의를 표방한 서구 제국주의의 오만함이며 반민족중심주의를 표방한 민족중심주의라는 것이다(Parker 4). 데리다는 그러한 접근을 통하여 말과 글의 본질적인 동질성, 즉 차연(Differance)으로부터의 의미 생성이라는 동일 전제를 결론으로 이끌어 내고 있지만, 역사적 현실에서 볼 때 아메리카 원주민의 구전 문학이 기록되는 과정이 상실의 과정임을 부인할 수는 없다. 앞서 말한 바와 같이 이들의 구전 문학은 영어로 번역되어 기록되었으며, 그러한 과정을 통하여 백인 기록자의 시각과 취향에 맞는 부분은 확대, 강조되고 그렇지 않은 부분은 억압되는 윤색의 과정을 겪었고 그렇게 왜곡된 기록을 출판할 때는 영어권 백인을 주 독자로 삼았기 때문이다. 그러나 이보다 더 근본적인 상실은 바로 그들의 구전 언어가 가지고 있는 힘, 그리고 그 언어로 이루어진 이야기를 매개로 하여 화자와 청자의 관계에서 역동적으로 생성되는 공동체 의식의 상실이라고 할 수 있다.

실코와 같은 라구나 푸에블로의 일원인 앨런은 『신성한 굴렁쇠』(The Sacred Hoop)라는 그녀의 비평선집에서 자신들의 언어관, 세계관을 모든 관계들이 중심으로부터 뻗쳐 나오면서 모든 부분이 서로 연결되어 있고 서열과 계급화보다는 균형을 강조하는 굴렁쇠, 혹은 거미줄에 비유하고 있다. 실코 또한 그녀의 글을 통하여 끊임없이 이러한 관계의 거미줄에 대하여 지속적으로 이야기하고 있다. 실코는 "푸에블로의 언어는 중심으로부터 나오는 많은 실들이 서로 서로 얽혀있는 거미줄과 같다"(1996 49)라고 하며, 『황색 여자와 기개의 아름다움』(Yellow Woman and a Beauty of the Spirit)이라는 작품집의 구성 원리를 "이 책은 거미줄 구조로 되어있다. 땅에서 시작하여, 땅과 흙을 거미줄의 중심으로 생각해보라. 마치 거미줄의 한 올 한 올이 그 중심으로부터 뻗어나가는 것처럼 어머니와 같은 대지, 이 땅을 중심으로 인간의 정체성과 상상력과 이야기하기가 정교하게 얽혀있다"(20)고 말하고 있는데, 이러한 상호 연결구조는 그녀의 작품의 구조일 뿐만 아니라 그녀와 그녀의 부족이 보는 세계이기도 하며 그 구성원들을 연결시키는 원리이기도 한 것이다. 따라서 이야기를 받아 적고 영어로 번역하여 책의 형태로 남기는 것은 바로 그들의 언어가 가지고 있던 의미의 거미줄, 그리고 이야기를 매개로 하여 화자와 청자 사이에 형성되던 공동체 의식의 거미줄로부터 그것을 분리하고 소외시키는 셈이 되는 것이다.

실코의 중요한 탐색 중 하나는 이러한 상실과 소외에 맞서서 이야기라는 전통 구전 문학을 매개로 하여 형성되던 화자와 청자와의 관계를 영어로 된 텍스트를 산출해야 하는 작가와 그것을 읽는 독자와의 관계에서도 구현해보려는 노력이었다고 할 수 있다. 실코는 푸에블로 구성원들에게 있어 가장 가치있는 것은 "미리 생각해놓지 않고 연습하지 않은, 마음으로부터 나오는 말"(1996 48)이며 그래서 자신은 형식을 갖춘 글을 의도적으로 쓰지 않았다고 말한다. "푸에블로 작가는 영어를 문학의 언어로 만들기 위하여 어떠한 변화를 줄 것인가?"(1996 49)라며 독자들에게도 "구전의 전통에서 나온 패턴을 따라 영어를 듣고 경험하도록"(1996 48) 초청한다. 그녀의 예술적 스승이라고 할 수 있는 수지 아줌마(Aunt Susie)는 "영어를 가지고 영어가 우리를 위하여 말하도록, 즉 가슴으로부터 말하도록 실험을 시작한 라구나 부족의 첫 세대"(1996 54)이며, 결국 실코의 작업도 그러한 실험의 과정이며 결과라고 할 수 있는 것이다. 실코의 작품에서 나오는 소박한 단어들과 간결한 문장구

조, 반복, 그리고 논리적으로 전개되는 직선적인 플롯보다는 미리 계획되지 않은 듯한 나선적이거나 원형적인 전개 등은 이러한 탐색의 산물로서 이해될 수 있다.

또한 그들의 이야기 속에서 모든 것이 거미줄처럼 연관되어 있는 것처럼 이야기하기에는 청자가 포함되어 있고, 그래서 "이야기의 많은 부분은 듣는 이의 내부에 있으며, 이야기꾼의 역할은 듣는 이로부터 그 이야기를 끄집어내는 것"(1996 50)이다. 따라서 듣는 이의 역할이 커질 수밖에 없으며, 듣는 이의 반응이야 말로 이야기의 의미 생성에서 결정적인 역할을 한다고 할 수 있는 것이다. 그런 의미에서 원주민의 이야기가 전제로 하는 화자-청자의 관계는 서구의 독자반응이론(Reader-Response Theory)과 일련의 연계성을 찾아볼 수 있다. 그러나 독자반응이론이 의미의 생성주체를 저자에서 독자로 옮김으로써 의미의 근원으로서 저자의 권위를 훼손시킨 반면, 아메리카 원주민의 이야기 속에서는 독자와 화자가 함께 의미를 만들어 가는 것이다. 프레이(Rodney Frey)가 말했듯이 "구전 문학에 있어서, 단어들의 실을 한 이야기로 짜넣는 과정에서 이야기가 생명을 얻게 되는 것은 청자의 상상력을 통해서이다"(Brill 12). 이것은 바흐친이 주장했던바 대화적(Dialogic) 상호작용에서처럼 여러 음성들이 번갈아 부각되는 것이 아니라, 처음부터 끝까지 화자와 청자가 함께 상호작용하는 간주체적인 대화성이라고 할 수 있다(Brill 13). 그러므로 실코의 이야기는 그것을 읽는 독자를 피동적인 독자가 아니라 이야기의 의미생성에 적극적으로 참여하는 청자로서 변화시키기를 목표하는 것이다.

실코는 이전의 라구나 마을 문화 속에서 이야기가 어떻게 화자와 청자간의 교류를 기반으로 했는가를 다음과 같이 말하고 있다.

> 라구나 사람들은
> 늘 그들의 이야기를 시작하지
> "험마-허"라는 말로
> 그건 "옛날 옛적에"라는 뜻이지.
> 그러면 듣고 있는 이들은
> "아아아아-어"라고 받지.

> The Laguna people
> always begin their stories
> with "humma-hah:"
> That means "long ago."
> And the ones who are listening
> say "aaaa-eh." (38)

이처럼 전통적으로 내려온 관례에 맞추어 화자와 청자의 상호작용에 의하여 시작되는 이야기는 아메리카 원주민들에게 있어서 시간과 공간을 초월하여 구성원들을 묶어주는 것이며 그 속에서 과거와 현재와 미래가 함께 어우러지는 영역이며 그렇기에 지속적인 과정이다 (227). 그리고 그것은 과거와 현재와 미래의 시간의 흐름에도 불구하고 인간의 경험과 감정과 중요한 것들은 본질적으로 변하지 않는다는 믿음과 연관되어 있다. 시 "이야기하기"(Storytelling)의 첫 연에서 이야기꾼은 이야기를 듣는 이들에게 과거와 미래는 근본적으로 다른 것이 없음을 "당신들은 그 당시가 어떠했는지를 알아야만 해. 왜냐하면 지금도 그건 똑같으니까"(You should understand/ the way it was/ back then,/

because it is/ the same/ even now)(94)라고 읊는다. 즉, 과거와 현재의 경험이 가지는 근원적인 동질성을 통하여 현재와 과거가 연결되고 현재의 현실에도 과거의 이야기가 여전히 유효한 의미를 가지는 것이다.

아메리카 원주민 사회에서 이야기가 권위를 가질 수 있는 이유는 그것이 긴 역사의 과거에 근원을 두고 있고 과거의 경험과 현재가 본질적으로 연결된다는 구성원들의 인식에도 있지만, 가장 근본적으로는 이야기의 화자가 가지는 집단적 정체성에 그 권위의 뿌리를 두고 있다고 할 수 있다. 즉, 이야기는 한 개인의 창작이 아니라 집단적 경험에 대한 사회의 총체적 반응의 결과라고 할 수 있는 것이다. 실코의『이야기꾼』을 살펴보면, 이것이 실코의 가족 이야기, 성장 이야기, 그리고 그녀의 부족의 이야기들로 이루어진 작품으로서 서구문학에서는 자서전 장르로 분류될 수 있는 작품임에도 불구하고, 결코 한 개인을 둘러싼 이야기에 그치지 않고 있음을 알 수 있다. 이야기꾼의 서두는 삼인칭으로 시작함으로써 저자로부터 독자의 시선을 돌리려는 의도적인 몸짓을 취한다(Grobman 94). 라구나의 전통적 문양으로 장식된 커다란 "호피(Hopi) 바구니"에 대한 묘사로부터 시작하여 그 속에 있는 수백장의 사진들을 언급한 후에야 "나의 할아버지 행크"와 "나의 아버지"로 이어지는 첫 부분은 앞으로 나올 그녀의 이야기를 그녀 개인이 아니라 전통과 타인들과의 관계의 맥락속에 놓는 작업이라고 할 수 있는 셈이다.

일례로 가출한 한 어린 소녀에 대한 이야기는 수지 아줌마가 그녀에게 들려준 이야기라고 실코는 서두를 시작한다. "라구나 이야기를 평생 아꼈던" 수지 아줌마가 이야기를 하던 방식을 화자는 그대로 기억하여 "나는 그녀가 이야기를 하는 것을 지금도 들으면서 글을 쓴다(7)"

라고 하며 그녀의 이야기를 전하는 것이다. 따라서 이 가출소녀의 이야기는 라구나 부족의 이야기이자 수지 아줌마의 이야기이며 또한 아줌마에게 그 이야기를 듣고 그것을 기록하는 실코의 이야기이기도 하다. 즉 이야기의 근원이 서구 세계관의 기반이 되는 개인이 아니라 공동체에 있는 것이며, 바꾸어 말하면 이야기를 통하여 공동체의 구성원들은 서로 연결되는 경험을 한다고 할 수 있다. 그녀 가족의 일상 사진들과 그녀의 어린 시절의 기억들, 그리고 아줌마, 할머니 등 그녀의 가족들이 그녀에게 들려준 이야기, 그녀가 쓴 이야기들이 어우러져 있는 이 책은 서구의 자서전과 유사한 장르적 성격을 가졌으면서도 확고한 저자 개념, 그리고 허구/사실 개념에 기반한 서구의 내러티브와는 다른 독서 경험을 제공하는 것이다. 웡(Hertha Wong)이 "공동체-삶-담화"(communo-bio-oratory)라는 독특한 개념으로 공동체적 구전 전기를 개념화한 것도 개인/문자를 중심으로 한 서구의 자서전과 구별되는 이러한 아메리카 원주민의 텍스트의 성질과 연계시켜 볼 수 있을 것이다(Turner 127). 실코는 나아가 구전 문학의 전통은 그것을 듣고 기억하는 구성원들에게 의존하고 있는 것이며, 결국 그러한 구성원들이 함께 그것을 창조하는 공동의 이야기꾼이 되는 것임을 『이야기꾼』의 서두에서 다음과 같이 말하고 있다.

> 어떤 세대나 마찬가지로
> 구전의 전통은 그걸 듣고 그 일부를 기억하는
> 각 사람들 덕에 이어지지.
> 그리고 그 모든 이야기
> 사람들의 오랜 이야기를 창조해내는 것은

모두 함께이지
우리가 함께 들은 것을 기억하는 우리 모두 함께.

As with any generation
the oral tradition depends upon each person
listening and remembering a portion
and it is together ---
all of us remembering what we have heard together ---
that creates the whole story
the long story of the people. (7)

"기억이 닿는 한까지 거슬러 올라간 시대의 이야기꾼들, 그리고 지금도 계속되면서 그것을 통해서 그들이 살고 우리가 그들과 함께 사는 이야기"에 『이야기꾼』을 헌정하는 것 또한 실코가 이야기를 '함께 들은 것들을 기억하는 사람들이 조금씩 기억하는 것의 총체'로 보는 인식의 산물이라고 할 수 있다. 이처럼 이야기라는 매개체를 통해 개인주의적인 서구의 전통으로부터 나와 개인과 집단의 중간지점에 저자의 위치를 잡은 『이야기꾼』은 크루팻(Arnold Krupat)이 지적한 것처럼 "공동체가 허락한 방식으로 그 집단을 유지하는데 참여하는"(1989 59) 것이다.

따라서 이야기의 상실은 그것을 함께 공유하고 있는 사람들이 이루는 공동체의 붕괴이며 이들 구성원 간의 소외의 징후이기도 하다. 그리고 이들의 이야기가 지속되지 못하는 상실과 소외의 상태 또한 실코의 현실 인식의 중요한 부분인데, 그녀는 그러한 현상의 가장 큰 원인을 백인 문화의 유입과 백인 체제의 지배로 인식하고 있다. 이야기를 중심으로 교류를 주고받던 부족들이 억압적이고 수탈적인 백인 지배와 그들의 문화적 우월감과 함께 붕괴되면서 이야기 공동체 또한 붕괴되고, 그럼으로써 이야기를 계속하려는 이들은 청자를 잃고 혼잣말 혹은 침묵속으로 빠져 들어가게 되는 것이다.

『이야기꾼』에서 가장 먼저 나오는 수지 아줌마에 대한 이야기는 서구 문화의 유입과 백인 문화에의 동화가 바로 그들 사회에 가져오는 위험을 인식하고 있음을 다음과 같이 보여준다.

라구나 문화의 구전 전통을 지탱했던
분위기와 상황들이
유럽의 침입으로 되돌릴 수 없이 바뀌었다.
주로는 아이들을 라구나로부터,
지난 세월 내내
문화의 모든 것을, 부족의 정체성의 모든 것을
아이들에게 이야기해주었던
이야기꾼으로부터 떼어놓으며,
원주민 학교로 데려가는 관습 때문에.

[that] the atmosphere and conditions
which had maintained this oral tradition in Laguna culture
had been irrevocably altered by the European intrusion ---
principally by the practice of taking the children
away from Laguna to Indian schools,
taking the children away from the tellers who had
in all past generations
told the children
an entire culture, an entire identity of people. (6)

이 시에서 화자는 '라구나 문화에서 구전 전통을 유지하는 분위기와 조건들을 돌이킬 수 없이 변화시킨 것'은 유럽의 침입이며, 그 중에서도 원주민 학교라는 제도를 통해서 '이야기꾼들로부터 어린아이들을 분리시킨' 정책임을 고발한다. 즉, 세대에서 세대로 문화적 전통을 이어가는 수단은 이야기였는데, 원주민 학교는 아이들을 강제로 가정으로부터 분리시킴으로써 그러한 이야기의 전수를 단절시키고 있는 것이다.

이러한 백인 문화의 헤게모니를 확산하는 도구로서의 원주민 학교라는 제도와 그것에 대항하는 부족 내러티브로서의 이야기에 대한 원주민의 애착을 대조시키고 있는 작품 중의 하나가 "이야기꾼"(Storyteller)이다. 여기서 여주인공은 원주민 학교의 묘사를 통해 원주민 언어와 문화에 대한 백인 체제의 억압을 신랄하게 고발한다. 할머니와 의붓할아버지와의 고립된 생활이 싫고 "정부가 다른 소년 소녀들을 모두 보내는 큰 학교"(18)가 궁금하여 원주민 학교로 갔던 여주인공은 그곳에서 영어를 쓰기를 거부했기 때문에 가죽벨트로 채찍질을 당하는 가혹한 체벌을 받는다. 여름방학에 집에 돌아온 여주인공이 다시 원주민 학교로 돌아가지 않기 위해 할머니가 돌아가셨음에도 그녀가 싫어하는 의붓할아버지와 함께 살기로 결정하는 것은 이러한 강제적인 백인 문화의 억압에 대한 거부라고 할 수 있다. 이러한 원주민 학교의 교육에 의해서 백인 문화속에 편입된 학생들은 자기들끼리의 속삭임조차 영어로 하며, 이러한 학생들이 성장한 모습이 바로 부족어 유픽을 알면서도 부족인들이 유픽을 말하면 무시하고 영어로 말을 해야 들은 체를 하는 에스키모인 간수와도 같은 인물이라고 할 수 있는 것이다. 들뢰즈(Deleuze)의 용어를 빌면 부족 고유의 정체성과 문화는 '탈영토화'

(deterritorialization)되고 백인이 그들에게 부여하고자 하는 정체성과 문화로 '재영토화'(reterritorialization)된 이러한 원주민 집단은 그러한 순응에도 불구하고 결코 백인의 제도권안으로 편입되지 못하고 주변인으로서 살아갈 수 밖에 없는 것이 그들의 현실이다. 오히려 이들은 뒤보이스(W. E. B. Du Bois)가 미국 사회에서의 흑인에 대하여 서술했던 것처럼 "자신의 자아를 항상 다른 사람의 눈을 통하여 보는 느낌, 느긋한 경멸과 동정으로 바라보는 세상의 척도로 자신의 영혼을 측정하는 느낌"이라는 이중의식(Double-Consciousness)에 시달리게 되는 것이다(2).

"이야기꾼"의 여주인공이 부모를 한꺼번에 잃은 사연 역시도 아메리카 원주민들에 대한 백인 체제의 수탈성과 기만성을 드러내주고 있다. 백인들이 이들에게 전략적으로 제공했던 술이 곧 그들의 정신과 육체와 경제적 상황을 피폐시키며 그들을 백인에게 종속시켜 파멸시켰던 역사적 사실을 은유라도 하듯이, 그녀의 부모는 백인 상점에서 술이라고 속여 판매한 깡통 연료를 마시고 동시에 죽고 말았다. 그러나 원주민들의 몰락의 책임을 원주민들에게 돌리는 백인들의 전형적 내러티브에 의해서 이들은 알콜중독으로 죽은 것으로 처리된 바 있다. 이러한 백인사회의 거짓을 밝히고 원주민들의 눈으로 본 진실을 밝히고 전달하는 장치가 바로 이들의 이야기라고 할 수 있다.

"이야기꾼"의 세계에서 이야기의 전통을 이어가는 이들은 여주인공의 할머니와 의붓할아버지이지만, 이들은 마을 사람들과는 고립된 상태로 살고 있어 전통의 전수가 어려운 상황이다. 노인은 쉬지 않고 한밤중까지 혼자서 이야기를 중얼거리는데, 그 이야기를 듣는 사람은 아무도 없으며 주인공마저 이 노인이 중얼거리는 곰과 사냥꾼 이야기를 흘려 듣는다. 즉 이야기를 둘러싼 구성원들의 교제와 공동체의 형성이라는 생산적인 힘이 상실된 상태에서는 오히려 이야기의 독백을 통하여 소외와 고립만이 강조될 뿐인 것이다. 그러나 또한 이야기의 전통이 지속될 수 있다는 희망적인 전조도 찾아볼 수 있는데, 그것은 가끔씩 찾아와 이 고립된 노인 부부와 "그들의 이야기를 돌보는"(25), 그리고 노인이 죽은 후 주인공에게 음식을 가지고 찾아오는 마을 사람들의 존재이며, 주인공의 꿈에서 나타나 "오랜 시간이 걸리겠지만, 이야기는 말해져야만 한다. 어떤 거짓도 있어서는 안된다"(It will take a long time, but the story must be told. There must not be any lies.)(26)라고 말하는 그녀의 돌아가신 할머니이며, 자신이 경멸하던 의붓할아버지가 늘 중얼거리던 곰과 사냥꾼 이야기를 흘려듣던 주인공이 마지막 장면에서 결국은 그 이야기를 자신이 하게 모습이다.

손녀와 할아버지를 연결하는 곰과 사냥꾼의 이야기는 매우 단순한 이야기이면서도 해석에 따라서는 많은 의미를 부여해볼 수 있는 내러티브이다. 곰을 쫓던 사냥꾼이 추위와 허기 때문에 그가 가지고 있던 칼을 떨어뜨리자 오히려 곰이 사냥꾼을 쫓아온다는 이야기는 우선 주인공이 겪는 사건과 연결될 수 있다. 그녀는 자신의 부모의 갑작스러운 죽음에 책임이 있는 백인 상점주인이 그녀를 거칠게 대하자 그를 뿌리친 후 얼음과 눈이 쌓인 밖으로 도망치는데, 그녀를 쫓던 백인 남자가 얼음사이로 빠져 죽는 사고를 당한다. 그녀는 이것이 우연한 사고가 아니라 자신이 그 죽음을 유도했다고 진술하는데, 사실 주위의 지리를 잘 알고 있는 그녀는 쫓기면서 위험한 지대로 백인 남자를 유인해갔던 것이다. 백인 남자는 그들의 세계인 상점내에서는 안전하게 권력을 가지고 원주민들을 억압한다. 그곳에서 원주민들은 백인들의 초대가 없으면 테이블에 앉을 수도 없고 억울한 일과 폭력을 당해도 제대로 항거할 수 없다. 마치 백인들이 자연의 한파로부터 집을 보호하기 위해 설치하는 절연재(29)처럼 이들은 과학기술과 경제력으로 무장하고 자신들의 제도 내에 들어온 원주민들을 억압하지만, 그들의 집밖 자연으로 나오면 칼을 떨어뜨린 사냥꾼처럼 무력할 뿐이다. 결국 백인 남자는 자신이 여자를 쫓고 있다고 생각했지만, 사실은 그녀가 그를 쫓고 있었다고 할 수 있는 것이다.

곰과 사냥꾼의 이야기는 또한 보다 넓게는 백인의 기술문명에 대한 경고로도 읽혀질 수 있다. 작품의 배후에 끊임없이 배경음악처럼 등장하는 백인 집단은 알래스카에서 땅을 파고 석유를 캐는 사람들이다. 실코의 고향 라구나 지역이 우라늄 채광으로 온갖 생태적인 파괴에 시달리고 결국은 원자폭탄 실험의 엄청난 폐혜까지 겪었던 것처럼 자연에 대한 정복을 꾀하는 인간들은 언젠가는 자연 파괴의 댓가를 치룰 수밖에 없는 것이다. 자신이 무언가를 쫓고 있을 때 오히려 자신이 쫓기고 있는 것일 수도 있다는 인식을 보여주는 곰과 사냥꾼의 이야기는, 위에서 언급한바 시 "이야기하기"(Storytelling)의 구절처럼 시간을 초월한 인간 경험의 근원적인 동질성을 보여주고 있다.

자신의 이야기에 대한 주인공의 신념과 고집은 죽음의 위협을 너머서는 것이다. 백인 남자의 죽음을 목격한 사람들은 그것이 사고였음을 증언하지만, 그럼에도 불구하고 그녀는 자신이 백인 남자가 죽기를 원했고 그것을 의도하였기 때문에 자신이 살인자라고 하면서 "나는 이야기를 바꾸지 않을 거예요. 여기(감옥)를 벗어나 집에 갈 수 있다고 하더라도 그렇게는 안할 거예요. 나는 그 사람이 죽도록 의도했었어요. 이야기는 있는 그대로 말해져야 해요."(31)라고 말한다. 백인 변호사는 원주민 여자가 백인 남자를 그토록 계획적으로 죽일 수는 없다는 자신의 가정을 지키기 위해 그녀를 무죄로 만들려고 그녀에게 입을 다물고 있으라고 하면서 그녀를 '미쳤다'고 규정한다. 그런 백인 변호사의 충고를 거부하고 자신의 부모의 죽음에 대한 진실을 말하고 자신의 해석을 일관성 있게 고집하는 이 원주민 여인의 모습은 바로 아메리카 원주민들이 그들에게 강요되는 서구중심적 내러티브에 대항하여 자신들의 이야기를 이어가려는 시도와 궤를 같이 하고 있다고 할 수 있다.

주인공의 부모를 죽음에 이르게 하는 불량 음료를 판매했던 백인 상점은 원주민들에 대한 기만과 착취로 점철되었던 미국 경제 발전의 역사를 보여주고 있는데, 주인공은 그것이 초래한 원주민들의 희생에 대하여 백인 체제하에서 강요된 백인의 내러티브를 거부하고 자신들의 공동체적 의식의 소산인 이야기들로서 그 거짓을 드러낼 수 있는 것이다. 그런 의미에서 아메리카 원주민들의 이야기는 그들에게 강요된 서구적 시각의 역사와 서구 중심의 문화에 대항하여 그들의 시각으로 그들의 세계와 역사를 서술하려는 시도의 산물이라고 할 수 있다. 그렇기에 "그 노인은 종말이 다가오고 있음을 알면서도 이야기를 바꾸려고 하지 않았다. 거짓은 다가오고 있는 것을 막을 수가 없기 때문이다."(The old man would not change the story even when he knew the end was approaching. Lies could not stop what was coming)(32)라는 구절에서 드러나듯이 그들의 이야기는 거짓과 반대되는 개념으로 파악되고 있는 것이다. 이야기는 거짓일 수가 없고, 또한 종말이 다가오는 것을 정지시킬 수 없는 거짓의 내러티브를 대체하기 위하여 이야기는 계속 되어야하는 것이다. 이처럼 이야기는 억압받는 소수들의 시각에서 본 역사였고(Cummings 560), 이 "바보같은/말못하는 원주민들"(These Dumb Indians)(41)이 내는 목소리라고 할 수 있다.

이야기가 곧 그들을 서로 묶어주고 그들을 땅과 연결시키며 그들의 전통과 정체성을 이어가는 수단임을 잘 드러내주는 시가 바로 "이야기꾼의 피신"(Storyteller's Escape)이다. 이 시의 화자인 이야기꾼 노파는 적들의 공격으로부터 피신할 때 "임산부와 불구의 소년, 노인"과 같이 도망갈 힘이 없는 이들, "소중한 이들이 어디에서 어떠한 상황에서 지쳐 도망가기를 멈추고 적들의 공격을 기다렸는지"를 이야기한다. 그리고 자신 또한 그러한 상황에 처해 있을 때 자신의 모습을 지켜보았다가 다른 사람들에게 이야기로 전해 줄 수 있는 어린아이 하나가 있기를 바란다. 여기서 이야기는 죽어간 이들과 이들이 죽어간 곳을 죽음과 망각의 늪으로부터 건져내는 기억의 수단이 된다. 즉, 이야기를 통해서 그들은 후손에 기억되고 그러한 일들이 일어난 장소들은 의미를 가진 살아있는 땅이 되는 것이다. 이렇게 이야기를 통해서 구성원들과 그들의 역사와 문화는 연결되고 이야기에 대한 기억 속에서 이들의 의미가 살아나기 때문에, 이야기를 통하여 "우리는 그들[소중한 이들]을 우리와 함께 머물도록 하는 것이며" 그렇기에 "이야기를 통하여 우리는 지속된다"(247)고 실코는 말하고 있는 것이다.

아메리카 원주민들에게 이야기가 과거와 현재와 미래의 경험의 본질적 동질성을 바탕으로 공동의 경험을 보는 공동의 시각을 기록하고 기억하게 하면서 이야기꾼과 청자들을 연결하는 공동체의 중심점으로서 중요성을 가진다면, 아메리카 원주민의 유산을 가진 예술가의 역할은 무엇인가? 실코의 『이야기꾼』은 자서전 장르로서 뿐만 아니라 예술가의 성장소설의 전통에서도 읽을 수 있다. 그리고 실코는 『이야기꾼』을 통하여 이러한 전통적 이야기의 위기적 상황에 맞선 예술가의 고민을 드러내고 있다고 할 수 있다. 시 "뼈맞추는 이"(Skeleton Fixer)는 이러한 예술가적 역할에 대한 가장 구체적인 언급 중의 하나이다.

> 단어들은 뼈처럼 온 사방에 흩어져있다.
> 왜냐하면 만물은 죽는게 아니라
> 흩어지거나 떨어져 나가서,
> 조각나는 것이기 때문이다.
> 그렇지만 오소리 노인은 알 수 있지.
> 그것들이 이전에는 어떻게 서로 연결되어 있었는지를.

> Words like bones scattered all over the place,
> Because things don't die
> they fall to pieces maybe,
> get scattered or separate,
> but Old Badger Man can tell
> how they once fit together. (242)

이 시에서 사방천지에 흩어져 있는 뼈들은 언어의 은유이다. 뼈들이 흩어져 있을 때는 그것들이 어떤 의미를 가지는지, 어떤 맥락에서 기능하는지를 알 수 없는 죽은 사물일 뿐이다. '그것들이 이전에 어떻게 서로 연결되어 있었는지를 아는' '오소리 노인'은 그것들을 하나하나 맞추어 나가고, 그리고 뼈들이 모두 맞추어지자 그것들은 코요테 여자로 다시 살아나서 넘치는 생명력으로 달아나버린다.

이 시에서 흥미로운 것은 예술가적 인물로 설정되어 있는 '오소리 노인'이 뼈들을 맞출 수 있는 이유가 '그것들이 이전에 어떻게 서로 연결되어 있는지를 알기' 때문이라는 것이다. 즉 실코에게 있어서 예술가의 영감의 기원은 서구 문학에서처럼 개인의 상상력이나 창의력에 있는 것이 아니라, 전통에 대한 통찰에 있는 것이다. 예술가가 할 일은 흩어져있는 언어를 제자리에 맞추어 살려내는 것이고, 그런 맥락에서 볼 때 마치 위에서 언급한 오티즈의 시 "담이 어떻게 버티고 있는가에 대한 이야기"에서 겉으로 보기에는 곧 쓰러질 듯한 돌담을 버티게 해주는 것이 아버지가 해주시는 이야기인 것처럼 예술가 역시 전통에 자신의 뿌리를 두고 파편화된 세상에 질서를 부여해주는 작업을 하는 역할을 맡고 있다고 할 수 있는 것이다. 그런 의미에서 예술가는 곧 이야기꾼이라고 할 수 있겠다.

아메리카 원주민 작가가 언어가 온통 사방에 흩어져 질서를 잃고 있다고 말할 때 그것은 서구 모더니즘적인 인식론의 발화가 아니라 구체적인 역사적 현실 인식의 발로이다. 『이야기꾼』의 세계가 그렇듯이 이들은 교육과 경제와 문화의 모든 영역에서 백인의 시각과 전통의 시각의 갈등이라는 '이중적 의식'에 시달리고 있으며, 그들의 언어는 사라져 가고 영어가 그것을 대치하고 있는 상황에 처해있기 때문이다. 이런 상황에서 영어로 작품 활동을 한다는 것은 그들의 언어와 그들의 독자가 형성하는 관계의 거미줄로부터 벗어나 소외의 상태에서 수행하여야 하는 작업이다. 이에 대하여 원주민 작가 하르조(Joy Harjo)는 그녀의 비평선집을 통하여 그들의 문화와 언어를 억압하고 말살하고 권리를 빼앗았던 "적의 언어"를 "새로이 만들어"(reinventing) 자신들을 표현한다고 그들의 상황을 정리한 바 있다. 세계의 변화를 받아들이고 그러한 변화 속에서 새로운 방식으로 이야기를 통하여 전통을 이어나갈 수밖에 없는 상황에서 아메리카 원주민들은 하르조의 비평선집의 제목처럼 "적의 언어를 새로이 만들어"(Reinventing the Enemy's Language) 새로운 언어와 새로운 방식으로 그들의 이야기를 시작할 수밖에 없다. 이러한 변화의 불가피성을 받아들이고 그에 대한 적극적 대처를 통하여 상실을 새로운 차원으로 승화시키려는 의식이 바로 이들 원주민 작가들의 한 주요한 움직임이라고 할 수 있으며, 또한 그들의 그러한 고민이 탁월한 문학적 성과로 승화되고 있음도 사실이다.

한 교사는 실코의 작품『의식』(Ceremony)을 교실에서 가르치면서 "아이들이 자라서 파괴하는 자들도 되지 않고 파괴당하는 자들도 되지 않을 수 있는 가능성"을 희망한다고 말하고 있다(Gilderhus 72). 실코의 작품을 읽으면서 얻을 수 있는 이러한 상생과 화해의 전망은 실코가 영어로 작업을 하는 아메리칸 원주민 작가들 중에서 부족 전통에 가장 가까이 근접해있고 그것에 대하여 강한 집착을 보이면서도 또한 한편으로는 변화를 인정하고 이러한 두 문화 사이에서의 갈등과 충돌에 대하여 화해의 가능성을 적극적으로 탐색하며 새로운 조망을 제시하고 있는 작가들 중의 한 사람이기 때문일 것이다. 그리고 그녀의 이러한 탐색의 중심에는, 전통의 계승과 새로운 전통의 창조의 가능성을 가진 주체로서 이야기의 가능성에 대한 탐색이 자리하고 있다고 하겠다.

제 13 장

+·+

실코Leslie Marmon Silko의 『의식』

I

데이슨브록(Reed W. Dasenbrock)은 워터즈(Frank Waters), 모머디 (N.Scott Momaday), 오티즈(Simon Ortiz) 등과 함께 실코(Leslie Marmon Silko)를 '남서부작가'(Southwestern writer)로 분류할 것을 제안한 바 있다(71). 이러한 제안은 '아메리카 원주민작가'라는 일반적으로 통용되고 있는 분류보다 오히려 '남서부작가'라는 분류가 실코의 문학적인 세계의 특징을 더 설득력있게 밝혀줄 수 있다는 전제를 가지고 있다고 할 수 있다. 데이슨브록의 이러한 분류는 특정 지역의 작가들이 다른 지역의 작가들과는 확연히 구별되는 어떤 특징을 가졌다는 지역주의 (Regionalism)적인 분류인데, 그는 '남서부'가 치카노(Chicagno), 원주민 (Native), 앵글로(Anglo)의 세 문화가 공존했던 곳으로서 '남서부문학'은 그러한 문화들간의 접촉과 충돌의 양상을 반영하고 있다고 말하고 있다.

이러한 문화들의 접촉양상에 관하여 데이슨브룩은 조화와 타협보다는 갈등과 충돌이 주된 것이라고 지적한다. 그런데 그의 논지가 이지역 문화의 중요한 특징을 밝혀줌에도 불구하고 또한 중요한 측면에 충분한 주목을 기울이지 못하고 있다고 할 수 있는데, 그것은 바로 이러한 문화적 접촉이 동등한 문화적 세력들의 상호 작용이 아니라 식민주의적인 힘의 불균형 속에서 이루어졌다는 점이다. 이 지역에 살던 원주민은 이미 1540년경 스페인 세력의 침입을 받은 이후 1800년 멕시코, 그리고 1848년부터 앵글로아메리칸의 침입을 받았고 (Austgen 3-4), 그와 함께 각 단계마다 지배세력과 함께 유입된 이질적 문화들에 노출되었고 그들의 영향을 받아 왔으며 그들에 대한 동화를 강요받았던 것이다. 풀리타노(Elvira Pulitano)가 말한 것처럼 미국은 결코 탈식민적이 된 적이 없으며 미원주민 문학은 여전히 식민주의의 과정 중에서 작동하고 있는 것이다(15).

전통적으로 이러한 문화접촉지대(contact zone)에서의 문화현상에 대하여는 주로 지배문화가 종속식민문화에 끼치는 영향의 측면, 그리고 그 결과인 식민문화가 지배문화로 동화(assimilation)되는 양상이 인지되고 인정되며 연구되어왔다. 그러나 20세기 들어서는 그러한 접촉의 양상이 결코 일방적인 것이 아니며 양방향으로, 그리고 복합적으로 이루어진다는 인식이 부각되었으며, 그러한 인식과 연관되는 개념이 문화변용(acculturation)이라든지 문화교변(transculturation), 그리고 팰림세스트(palimpsest) 개념이다. 이 개념들은 두 가지 상이한 문화가 지배와 굴종의 불평등한 관계속에서 만나고, 충돌하고, 격투하는 사회적인 문화 접촉지대에서 일어나는 문화상호간의 협상이나 선택의 과정을 뜻한다. 문화변용은 독립적인 문화들이 접촉함으로써 어느 한 쪽이나 또는 양쪽의 문화체계에 변화가 생기는 문화변화 현상을 일컬으며, 그 중에서도 문화교변(transculturaion)은 상호적인 접촉과 영향의 역동성을 강조하는 개념으로서 특히 피지배 문화가 지배 문화에 의해 전달된 문화를 전용하여 오히려 전통적인 정체성을 새로운 제도와 상징적 형식으로 다시 정의하는 현상을 일컫는다(Wyss 23). 한편 덧쓰인 양피지를 뜻하는 팰림세스트는 문화양상이 다른 문화양상으로 대치될 때 그것이 완전히 삭제되는 것이 아니라 그 위에 덧쓰여진 것들에도 불구하고 여전히 자취를 남기면서 그에 복합성을 부여하게 되는 현상을 지칭하는 개념이다.

데이슨브룩이 '남서부작가'라고 칭한 일단의 작가 군과 더불어 실코의 문학 세계에서도 백인 문화와 원주민 문화와의 충돌현상이 중심적인 주제로 등장하고 있지만, 이러한 문제에 대한 실코의 시각은 커친스(Dennis Cutchins)가 주장한 것처럼 전통적인 요소를 강조하고 이질적 문화를 배격하여 원주민 문화를 소생시키려는 토착주의(Nativism)에 가까운 것처럼 보인다. 그러한 실코의 전통적 색채가 그녀를 대표적인 '미원주민 작가'로 만들면서 또한 역설적으로 두터운 백인 독자층을 가질 수 있도록 하는 특성이기도 한 것이다. 실지로 그녀 작품세계와 세계관의 중심이 되는 이야기라든지 혹은 의식(ceremony) 등의 개념들은 원주민 문화의 핵심적 요소이며, 그녀의 공감을 얻고 있는 인물들이 백인 문화에 대한 강한 비판적 의식이나 혹은 전통에 깊이 뿌리박고 있는 인물들임을 상기해볼 때, 실코의 토착주의적 측면이 강하게 부각되는 것 또한 사실이다.

그러나 실코의 세계에서 또한 간과될 수 없는 특성은 전통적 문화가 이질적 유입 문화와 접촉하면서 어떠한 방식으로 문화변용을 일으키는가, 어떠한 양식의 팰림세스트가 형성되며 어떠한 시각으로 이러한 변화에 대응하여야 하는가에 대한 관심이라고 할 수 있다. 그리고 그러한 관심의 중심점에는 그녀가 처한 다인종 다문화 사회에서 다양한 문화와 다양한 인종과 관점들을 매개할 수 있는 사유양식과 생활양식의 가능성의 탐색이 자리하고 있으며 보다 궁극적으로는 그러한 매개를 통하여 식민 문화뿐만 아니라 지배 문화를 변화시킬 수 있는 문화변용의 가능성을 모색하고 있다.

II

"그는 그날 밤 잠을 푹 잘 수가 없었다"(5)로 시작되는 태요(Tayo)의 이야기는 먼저 그의 잠을 방해하는 것들에 대한 묘사로 이어진다. "마치 격류속에 갇힌 파편처럼 그를 이리저리 구르게 하는 커다란 목소리들"은 "스페인어로 사랑 노래를 부르는 남자," "그 목소리를 멀리 밀쳐내며 화가 나서 큰소리로 지껄이며 일본어로 말하는 소리들"(6), "라구나어로 말하는 목소리들"로 이루어져 그의 꿈을 어수선하게 만든다. 이 와중에 태요는 어머니의 목소리라고 생각되는 라구나 말들을 알아듣기 위해 애를 쓰지만, 그 목소리는 갑자기 그가 이해할 수 없는 언어로 바뀌고, 그리고는 "쥬크 박스로부터 나오는 찢어질 듯이 시끄러운 음악소리"들이 붉고 푸른 빛들로 어두움을 가깝게 끌어당기면서 이 모든 목소리들을 한꺼번에 덮어버린다.

이 첫 문단은 앞으로 있을 『의식』의 주제를 매우 비유적이면서도 명료하게 드러내주고 있다. 태요의 내면 세계에서는 스페인어, 일본어, 라구나어가 대표하는바 그가 경험한 세계의 다양한 문화들이 조화와 통합을 이루지 못하고 분열되어 있다. 태요는 그중에서도 그의 뿌리라고 여겨지는 라구나 유산의 의미를 알아내기 위해 노력하지만, 쥬크박스 음악처럼 백인 문화는 태요의 그러한 시도마저 억압해버리면서 세상의 어두움을 심화시키고 있다. 결국 앞으로 태요가 겪어야하는 '의식'은 어머니의 유산인 라구나 전통의 의미를 탐색하는 것이자 백인 문명이 초래하고 있는 어두움의 힘에 대항하는 것이며, 그의 잠을 어지럽히고 그의 삶을 병들게 만드는 혼돈에서 벗어나, 그의 세계를 구성하고 있는 스페인어 문화와 라구나 문화와 백인 문화, 그리고 머나먼 일본의 존재까지도 그의 내면 세계에서 나름대로의 의미와 조화와 질서를 가질 수 있도록 하는 과정이 되어야 하는 동시에 그의 세계를 압도하는 백인 문화가 친화성을 보이는 어두움을 물리칠 수 있는 가능성에 대한 탐색의 과정이 되어야 하는 것이다.

아메리카 원주민의 사회에서 백인 문화는 분명 토착문화와 또 다른 유입 문화들을 압도하는 지배문화이다. 지배문화는 식민문화에게 동화(assimilation)를 강요하고 유도하는데, 동화의 주요수단인 교육을 통하여 지배문화의 우수성과 식민지문화의 열등성을 강조하며 그러한 인식을 식민지인들이 내재화하도록 하는 것이다. 그러한 교육의 결과 식민지인들은 지배문화가 식민문화를 보는 차별적 시각으로 자신과 자신을 둘러싼 전통사회를 보는 의식의 분열을 겪게 된다. 이 작품에서 록키가 바로 그러한 인물의 전형인데, 학업과 스포츠에서 두각을 나타내며 대학에 진학할 꿈을 꾸고 있는 록키는 자신이 백인들이 원하는 원주민이 되기만 하면 백인사회에서 동등한 기회를 가질 수 있으리라 생각하고, 원주민의 환경과 상황에서 나온 경험의 지식체계를 무시하고 백인지식체계의 우월성에 대한 맹목적인 믿음을 보인다. 그래서 죠시아가 사육할 소를 고르는 과정에서 백인들이 쓴 책이 자신의 경험과 맞지 않는다고 이야기할 때, "그 책들은 과학자들이 썼고, 과학자들은 소에 관한 모든 것을 아는 사람들"(76)이라며 죠시아의 토착적인 경험을 무시해버리고 만다. 비행사가 되고 싶어 전쟁에 자원한 후 육군전투병으로 필리핀 밀림에 파견되어 일본군의 포로가 되어 비참하게 죽고 마는 록키의 삶은 지배문화가 선전하는 동화의 필요성과 동화의 보상에 대한 이데올로기에 충실하게 따르지만 결국 도구적 존재로만 쓰이다가 희생당하고 마는 식민지인의 비극적 운명을 보여준다.

　　록키가 순수한 원주민 혈통을 가지고 있음에도 불구하고 자신의 전통적 유산을 비하하도록 교육한 사람은 그의 어머니이다. 그녀는 가문만을 끔찍이 중요시하며 록키를 통하여 자신의 가문이 보다 큰 세계에서 인정받을 수 있도록 하려 한다. 뿐만 아니라 록키가 성공하여 태요의 어머니나 죠시아로 인하여 벌어진 수치스러운 일들을 보상해주기를 바란다. 원주민 사회를 내부세계로 규정하고 백인들의 세계를 외부세계로 분리한 후 백인세계가 원주민 세계보다도 더 많은 지식과 권력을 가졌다고 판단하고, 록키가 백인처럼 지식과 권력을 사용할 수 있는 사람이 되기를 바라는 것이다. 그녀는 바깥 세계가 중심 세계가 되어 주변 세계를 어떻게 지배하는지 알지 못한 채, 다만 록키가 중심 세계에 편입되어 권력을 행사하며 살기를 희망할 뿐이다.

태요는 그러한 록키와 이모의 모습을 비판하면서 그들에 동조하지 않았던 자신의 모습을 재조명하는데, 이것은 그의 의식이 록키와 이모를 거부하면서 동시에 죠시아에게 공감을 보이고 있는데서 나타난다. 죠시아는 원주민으로서의 경험과 신념을 매우 잘 간직하고 있는 인물이다. 태요는 기억 속에서 죠시아와 록키, 그리고 록키와 자신의 모습을 나란히 병치시키면서 백인 사회에 대한 동화와 원주민 전통을 지키는 두 가지 행동양식을 꼼꼼히 비교하고 검증한다. 사슴을 사냥한 후 록키와 함께 사슴의 배를 가르면서 태요는 사슴의 눈을 보고 "자신의 쟈켓을 벗어 사슴의 머리를 덮어준다."(50) 이러한 행동은 죽은 짐승을 존중하려는 원주민의 사고방식에서 나온 것이지만, 록키에게는 무의미한 것일 뿐이다. 록키는 자신이 사슴을 사냥한 것에 대하여 마치 전쟁에서 전리품을 획득한 것처럼 사냥감을 얻은 승리감을 즐길 뿐이다. 또한 태요는 바로 그 때 죠시아와 로버트가 와서 사슴의 영혼이 먹고 가도록 옥수수 가루를 뿌려주었던 것을 기억해낸다. 그렇게 함으로써 자신들에게 목숨을 희생한 사슴에게 "사랑과 존경을 보여주어야 했음"을 상기시키는 것이다.

죠시아가 록키와 달리 자연과 동물을 사람과 같이 존중하고 소중히 여겼던 모습은 태요의 의식속에 깊이 각인되어 그가 본받고 계승하고자 하는 원주민의 가치로서 작용한다. 시시때때로 태요는 죠시아를 회상하며, 그가 울리배리(Ulibarri)에서 가축을 살 때와 소를 사와서 몸에 낙인을 찍을 때의 기억을 더듬는다. 그리고 그들이 소의 몸에 새긴

낙인이 "미국식의 낙인이 아니라, 날개를 활짝 편 큰 나비 모양"이었음을 인식하며, 원주민 고유의 민족적인 삶의 양식이 소중함을 재인식하는 것이다.

원주민 세계와 백인 세계의 관계를 보다 확실히 인식하기 시작한 태요는 백인의 지배적 이데올로기가 이모나 록키처럼 백인 논리를 우월하다고 생각하고 원주민 논리를 배척과 조소의 대상으로 삼았던 다른 원주민들, 혹은 백인들에 의해 강요된 것이었음을 자각한다. 즉, 백인의 이데올로기는 마치 전쟁 때 원주민이 입었던 백인 군인의 제복처럼 피억압자에게 강요되는 지배도구일 뿐이다. 이 지배도구는 더욱 많은 권력을 실현시키기 위하여 개인을 억압하고 구속하게 되며, 개인이 이데올로기에 의해 억압받는다는 사실을 인식하지 못한 채 그것을 내재화시킬수록 개인의 의식을 더욱 잠식하게 된다. 그러나 이데올로기가 군인의 제복과 같이 권력을 행사하기 위한 도구로 사용됨을 개인이 자각할 때, 그것이 가진 지배력은 약화되게 된다.

결국 태요는 잃어버린 원주민의 언어와 생활양식을 복원하려는 의식을 통하여 자신의 정신적 분열을 조장하고 원주민의 삶을 지배하려 했던 백인 이데올로기에서 벗어나려는 시도를 한다. 이렇게 원주민의 민족성을 복원함으로써 주변인으로 살아온 자신의 삶을 반성하며 원주민 사회를 유지하는 파수꾼으로서의 역할을 하는 것이며, 백인 이데올로기를 강요하는 중심사회에 편입되기를 거부함으로써 주체적 힘을 가진 위협적인 저항세력으로 존재하는 것이다. 즉, 이야기를 활용한 원주민 민족성의 복원은 원주민 사회를 무기력한 주변인의 세계가 아닌 고유한 전통적 힘을 가진 사회로 변화시켜 주며, 백인 중심 체제로 세계를 재개편하려는 구심력에 버티는 원심력으로 작용하는 것이다. 이러한 기능의 중심에 서있는 이야기는 원주민 사회를 구성하는 민족 정체성의 핵심이요, 그 사회를 구성하는 사람들의 삶과 경험에 의미를 부여해주는 배경으로 자리한다. 뿐만 아니라 이야기는 과거와 현재를 이어 다시 미래로 전승시키는 역사보존의 장치가 되고 있다.

　　그러나 원주민 문화의 복원이 반드시 그것만을 고수해야 하는 것이 아님은 주목할 필요가 있다. 백인 지배문화 속에 잠식되어 있던 원주민 전통문화를 우선적으로 복원하는 것과 그것에 대한 이야기의 역할 강조는 원주민 역사의 인식으로 연결되어 전통적 뿌리찾기의 과정으로 더할 나위 없이 소중하다. 하지만 그러한 뿌리찾기의 과정이 과거의 전통문화만을 고수하고 현재의 혹은 미래의 새로운 문화교류를 배제한다면, 그들의 문화는 면역력을 상실한 배타적인 민족중심주의로 전이되어 타민족의 문화적 침략에 대응하지 못하는 무기력한 주변문화로서 지속될 수밖에 없기 때문이다.

　　실코는 『의식』에서 이러한 주변문화의 폐쇄성이 가질 수 있는 한계를 인식하고 보다 역동적인 문화교류 및 수용을 위한 방안을 제시하려고 하고 있다. 그러면 어떠한 전망들이 제시되고 있는지에 대하여 보다 자세하게 살펴보도록 하자.

III

　　미국의 지배문화가 선전하는 동화의 이데올로기가 그 허위성을 가장 적나라하게 드러내는 지점이 바로 타인종과의 결혼과 혼혈에 대한 태도이다. 상이한 문화가 부딪혀 나타나는 문화변용의 가장 이상적인 결과물이자 그 문화들의 화합의 상징은 상이한 문화 구성원간의 결혼이라고 할 수 있다. 역사적으로 보면 토마스 제퍼슨 대통령은 "미합중국의 정해진 운명은 그 다양한 인종들의 혼혈결혼"이라고 예언하면서, "자연스러운 과정 중에" "원주민과 백인들은 만나고, 함께 섞이고, 피를 섞어서, 그래서 한 민족이 될 것이다"(Wald 25)라고 말한다. 그래서 그는 원주민들에게 "결혼으로 우리와 함께 섞이자"며 "당신들의 피가 우리의 혈관을 흐를 것이요 우리와 함께 이 위대한 섬에 퍼지게 될 것이다"(Wald 26)라고 초청하기도 한다.

그러나 제퍼슨이 역설하고 있는 바 전통적인 '용광로'(melting pot)의 이데올로기에도 불구하고 미국문화와 문학에서는 혼혈에 대한 부정적인 인식의 증거들이 더욱 많이 발견된다. 혼혈은 개선이 아닌 타락이자 자연의 섭리를 범하는 것이며, 혼혈아들은 그 증거물로서 비난받고 소외되며 그 스스로는 정체성의 혼돈으로 고통받거나 혹은 그러한 갈등 속에서 반사회적 인물이 되기도 하는 부정적인 모습으로 나타나기도 한다. 쿠퍼(Fenimore Cooper)의 『모히컨 족의 마지막 후예』(The Last of Mohicans)의 마구아(Magua), 트웨인(Mark Twain)의 『허클베리핀의 모험』(Adventures of Huckleberry Finn)의 인전 조(Injun joe)나 포크너(William Faulkner)의 『팔월의 빛』(Light in August)의 조 크리스마스(Joe Christmas) 등은 바로 그러한 혼혈에 대한 미국 사회의 부정적인 인식의 현상과 그 부정적 결과들을 표현하고 있는 인물군이라 하겠다.

이러한 미국 문학의 전통에 비추어볼 때 실코의 『의식』은 혼혈과 혼혈인을 긍정적이고 적극적으로 묘사하고 있는 얼마 안되는 작품들

중의 하나라고 할 수 있다. 데이슨브록이 '남서부문학'이 다루고 있는 문화역동을 이끌어가는 세 문화집단이라 일컬었던 치카노, 라구나 원주민, 앵글로 백인의 혈통을 모두 가진 실코는 "내 글의 핵심에는 혼혈인으로 산다는 것이 무엇을 의미하는지, 백인도 아니고 순수 원주민도 아닌 존재로 성장하는 것이 무엇인지를 탐색하려는 시도가 있다"고 말할 정도로 혼혈에 대한 의식이 강했으며, 실지로 그녀의 작품을 통해서 혼혈의 의미를 심도있게 탐색하고 있는데, 『의식』에서는 특히 그러한 탐색이 중점적으로 이루어지고 있다.

『의식』에서 혼혈인으로는 주인공 태요, 부족의사인 베토니 노인, 멕시코 혼혈무희 밤의 백조(Night Swan)가 있으며, 그러한 혼혈의 상황을 상징하는 동물인 점박이 소떼가 또한 혼혈의 주제와 연관된 의미를 가진다. 스타인(Rachel Stein)에 따르면, 실코의 세계에서 인간과 자연의 상호적인 관계를 재확인함으로써 원주민 문화와 지배적 백인 문화의 관계에 관한 새로운 이야기를 창조하는 사람들은 원주민의 중심문화의 변방에 있는 사람들, 예를 들어 혼혈인, 문화변용을 겪은 이들, 그 문화 사이의 갈등의 자취를 자신의 몸에 지니고 있는 사람들, 그래서 그 경쟁하는 문화들의 얽힘에서 발생하는 문제를 어쩔 수 없이 풀어내려고 노력해야 하는 사람들이다(206). 혼혈인들은 그들의 존재 자체가 문화들 사이의 관계로 비롯된 것이기 때문에 어쩔 수 없이 이러한 문제의 해결점을 찾으려는 탐색의 최전방에 설 수밖에 없는 것이다.

태요의 혼혈성을 공격하고 태요를 소외시키는 집단은 이 작품에서는 백인들이 아니라 원주민 집단으로 나타난다. 왜냐하면 『의식』에서 태요와 직접 접촉하는 백인은 작품의 앞부분에 잠시 등장하는 정신병원의 의사일 뿐이며, 그 외 백인의 세계는 작품의 후경에 자리하고 있기 때문이다. 그러나 백인 세계의 존재는 태요의 혼혈 혈통과 혼혈에 대한 이모의 비난을 통해 태요를 엄청난 중압감으로 억누르고 있다. 백인 세계에도 받아들여지지 않고, 방탕한 생활을 하다가 죽은 원주민 어머니를 대신하여 태요를 키워준 이모는 백인 남자와 관계하였던 태요의 어머니와 그 결과인 태요의 존재를 가족의 불명예라고 생각하며, 늘 태요가 그러한 자신의 생각을 느끼도록 묵시적으로 표현한다. 태요의 성장기 모습은 긍정적으로 보면 타인을 위해 희생을 할 줄 아는 사려깊은 아이이지만, 그 내면에는 정체성에 대한 확신의 부재 때문에 자신의 주관을 가지거나 표현하지 못하는 인물인 것이다. 그런 상황에서 그의 내면에서부터 치밀고 올라오는 "나는 혼혈이야. 내가 그걸 말하는 처음 사람이 될 거야. 나는 양쪽을 모두 대변하겠어"라는 그의 의지는 자신의 혼혈성에 대한 자의식이 긍정적이고 적극적인 방향으로 이어지며 자신의 정체성을 찾아갈 뿐만 아니라 자신이 사회를 위해서 이루어내야 할 사명감에 대한 인식에까지도 이어지는 고리가 된다.

태요의 혼혈성이 초래하였던 소외에 대한 새로운 시각을 그에게 제공해주는 사람은 밤의 백조이다. 그 자신도 혼혈인 그녀는 태요를 품으며 그에게 사람들이 그를 소외시키는 것은 혼혈이 표상하는바 그들이 겪고 있는 문화적, 민족적 상황의 변화를 직시하기를 두려워하기 때문이라고 다음과 말한다.

> "그들은 두려워하는 거야, 태요. 그들은 무언가가 일어나고 있는 것을 느끼고, 자신들 주위에서 무언가가 일어나고 있는 것을 아는데,

그것이 그들을 두렵게 만드는 거지. 원주민들이나 멕시코 사람들이나 백인들—대부분의 사람들은 변화를 두려워해. 그들은 자기 아이들이 피부색이 같거나 눈동자 색이 같으면 변하고 있는 것은 없다고 생각하지." 그녀는 부드럽게 웃었다. "그들은 바보들이야. 그들은 우리를 탓하지. 다르게 생긴 우리들을 말이야. 그러면 자신들 내부에서 일어난 일들에 대해서는 생각할 필요가 없거든."

"They are afraid, Tayo. They feel something happening, they can see something happening around them, and it scares them. Indians or Mexicans or whites—most people are afraid of change. They think that if their children have the same color of skin, the same color of eyes, that nothing is changing." She laughed softly. "They are fools. They blame us, the ones who look different. That way they don't have to think about what has happened inside themselves." (99-100)

여기서 혼혈은 변화의 결과물이다. 그 변화는 외적인 변화뿐만 아니라 사람들의 내부에서도 일어나는 것이다. 그러한 자신의 내부의 변화를 인정하기 싫은 사람들이 혼혈에 대해서도 적대적이라는 점을 밤의 백조는 지적하고 있는 것이다. 이처럼 혼혈이 변화의 증거라면 혼혈에 대한 포용은 곧 사고의 유연성과 개방성으로 연결될 수 있는 셈이다.

죠시아의 소떼는 또한 혼혈이 상징하는 바가 변화이자 변화에 대한 포용이며 그 결과 현실에서 강한 생명력을 가질 수 있음을 비유적으로 보여준다. 백인들이 과학이라는 이름으로 주장하는 이상적인 종자인 허포즈(Herfords) 종이 라구나 지역의 척박한 기후와 조건 속에서 적응하지 못하는데 반해서 죠시아가 자신의 경험을 믿고 선택한 이 잡종 점박이 소떼는 야생성과 강인한 생명력으로 살아남고 번성한다. 잡종이기에 오히려 더욱 강인하고 더 큰 현실적응력을 가지는 이 소떼의 면모를 통해서 작가는 혼혈이 상징하는바 변화에 열려있는 사유의 유연성을 중요한 덕목으로 제시하고 있는 것이다.

변화를 받아들이고 그 변화를 다시 자신의 영역으로 융합시켜 새로운 것을 탄생시키는 예가 베토니 노인이며, 그와 대조되는 모습을 보여주는 인물이 쿠쉬 노인이다. 이들 둘은 모두 전통 치유사(medicine man)로서 태요의 정신적 상흔을 치료하는데 각자의 역할을 하는데, 쿠쉬가 태요에게 전통의 의미를 상기시켜 준다면 베토니는 변화를 수용하는 것이 중요하다는 것을 알려준다. 전통의 체화 그 자체인 듯한 인물인 쿠쉬 노인은 전통적 이야기의 중요성, 언어를 통한 부족 정체성의 형성, 세상을 포괄하는 거미줄 같은 관계의 연계성 등에 대한 인식을 태요에게 심어주지만, 그러한 과거의 전통을 고수하는 것만으로는 현실적응력, 더 나아가 현실변형력을 가질 수 없음을 스스로가 고백한다. "이제는 옛날처럼 치료할 수가 없는 것들이 생겼어. . . 백인들이 온 이후로 말이야"라는 쿠쉬 노인의 고백은 그가 고수하는 전통적 의식이 현실에서 힘을 가질 수 없음을 인정하는 바 치유사로서는 뼈아픈 고백이고 그의 고백처럼 그가 고수하는 의식과 전통은 더 이상 세상의 변화를 따라가지 못하고 현실 변형력을 가지지 못한다.

쿠쉬 노인의 한계를 뛰어넘는 인물이 베토니이다. 그는 원주민 중에서도 가장 최저계층이 모여 있는 갤럽(Gallup)에 살고 있다. 그가 갤럽에 사는 이유는 "의식 기간에는 갤럽에 사람들이 모이기 때문이며, 그때에 백인이 원주민을 관광객에게 보여주고 싶어하기 때문"이라고 말한다. 원주민의 축제라 할 수 있는 의식 기간이 되면 갤럽에는 백인들을 비롯하여 각 원주민 부족의 춤꾼과 관광객이 한자리에 모인다. 의식 기간에는 "원주민 보호구역에 있는 사람들뿐만 아니라, 그보다 더 먼 곳에서도 몰려온 사람들이 관광객들에게 팔 물건을 내놓게 된다."(116) 모든 부족과 백인이 같은 자리에 모여 마치 축제, 혹은 장터와 같은 분위기를 연상시키는 갤럽의 의식 기간은 원주민과 백인의 상호문화접촉이 가능한 유일한 기회이다. 의식 기간이 상징하는 다문화성으로 인해 각 문화가 배타적 민족중심주의를 극복하고 각자의 문화가 동등한 가치를 지니고 서로를 수용하는 문화교류의 단계에 이르게 된다. 베토니가 갤럽에 머무는 것은 원주민 혹은 백인 문화가 자문화중심주의에 빠지지 않고 다양한 문화를 수용하여 새롭게 변화하고 진화해 나가는 역동성을 추구해야 한다는 의미를 지닌 것으로 볼 수 있다.

베토니는 원주민들이 현실 속에서도 힘을 가지는 방법은 전통만을 고수하고 변화를 거부하는 태도에서 벗어나 변화를 직시하고 그 변화를 전통의 일부로 편입시키는 것이며, 그래서 새로운 의식(ceremony)도 필요한 것임을 역설하며 "성장만이 의식(ceremony)을 강하게 만든다"고 말한다. 베토니가 두피에 피를 내는 치유의식을 해준 후 태요는 "자신의 머리카락 속에서 실개천이 흐르는 듯한 상쾌한 느낌을 가지게 되는데" 이것은 이러한 베토니의 변화하고 성장하는 의식이 쿠쉬의 그것과는 달리 현실적인 변형력을 가지고 있음을 반영해준다.

베토니라는 인물은 여인 체(T'seh)와 더불어 태요의 치유를 위한 여정에서 가장 핵심적인 역할을 맡고 있다. 이들 둘은 거의 신화적인 차원으로 신비화되고 있다고도 할 수 있는데, 체가 전통에 근거한 존재

의식, 사랑의 위대함, 인간과 자연의 깊은 유대 등을 태요에게 가르쳐
준다면, 베토니는 이러한 것들을 뿌리로 하여 변화하는 세계에 대처하
는 사고의 개방성과 유연성의 필요성을 가르쳐주고 있는 것이다. 그 결
과 정체성의 혼란속에서 자신을 흰 연기로, 혹은 사물(it)로 여기던
(14-15) 태요의 혼혈성이 긍정적이고 적극적인 의미를 가지게 되면서,
백인과 원주민 문화의 중간에 서서 이들을 연결하고 융합하는 매개의
가능성을 탐색하는 인물로 거듭나게 된다.

IV

『의식』은 중심과 주변인, 나와 타자, 혹은 사회와 개인의 관계를
중점적으로 다루면서 특히 미국 사회내에서 백인우월주의의 이데올로
기에 의해 억압받는 원주민 문화에 대한 관심을 집중적으로 보여주고
있다. 태요라는 개인이 자신이 속한 원주민 사회에서 경험하는 삶은 그
들의 문화와 필연적으로 부딪히고 상호작용할 수밖에 없는 백인 문화
의 테두리 내에서 한계지워지고 있다는 인식이 태요의 정신적 성장의
첫 단계가 되고 있는 것이다. 그래서 그 삶속에서 태요가 개인으로서
겪는 갈등과 문제는 백인 사회와 원주민 사회가 집단으로서 혹은 문화
공동체로서 겪는 갈등과 문제와 병치되면서 전개되고 그 해결책이 모
색되고 있다.

태요가 정신분열을 앓았던 가장 핵심적인 사회적 맥락은 그가 보
존하고자 하는 원주민의 정체성이 백인 담론에 의해 억압받고 잠식되
었다는 것이다. 식민지화 과정에서 백인중심적인 이데올로기는 원주민

의 가치와 신념을 파괴하고 주변화시켰으며, 백인의 가치를 우월하게 인식하도록 강요하였다. 실코는『의식』을 통해 백인 문화와는 다른 원주민 전통문화를 소개하고, 금속성이고 기계적인 백인 문화와 구별되는 원주민 문화의 매력과 장점을 설득력있게 제시한다. 이것은 타문화를 주변적으로 몰고 자문화를 우월하게 생각하며 그것을 주변에 강요하는 백인의 중심화 경향이 의미가 없다는 것을 주장하는 것이다. 실코는 나아가 중심화 과정을 위한 백인의 부정한 행동을 악의 세력의 책략으로 연결시키면서 백인 중심의 지배 이데올로기를 구조적으로 해체시키려는 시도를 하고 있다.

즉 여러 문화가 공존할 때 각 문화의 위치는 중심과 주변의 이분적 카테고리가 없이 그 사이의 어느 지점에 존재하는 것이다. 특히 원주민 문학이나 제3의 문학에서 자주 등장하는 인종비평(Ethnocriticism)에서는 서로 다른 인종 혹은 문화가 중심이나 주변의 위치가 아닌 그 사이 어느 지점에 존재할 것이라는 이해를 전제로 하여, 두 문화의 대립적 관계가 아닌 상호차이만을 인정하고 두 문화 사이의 교류를 촉진시키는 것에 의미를 두고 있는데, 바로『의식』이 문화에 대한 이러한 시각을 보여주고 있는 것이다.

『의식』에서 실코는 태요라는 혼혈 원주민을 통해서 현대 미국 사회에서 백인과 원주민의 틈새에서 두 문화를 객관적으로 바라보고 그 차이를 인정할 수 있는 중간자적 위치가 가지는 의의를 밝혔다. 그러나 중간자적 위치가 두 문화 모두에 무조건적으로 편입하거나, 기회적으로 두 문화를 이용하는 것은 아님을 밝힐 필요가 있다. 틈새에 위치하는 것은 각 문화가 자체의 경계 내에서 볼 수 없는 것을 발견하여 객관적으로 그것을 비판하거나 상호 좋은 점을 교배시키는 역할을 한다는 것이다. 그러한 의미에서 『의식』은 틈새에 위치하기의 유용성을 통해 미국 사회가 스스로 보지 못하는 약점을 고발한 작품으로서의 의의를 가지게 된다.

결국 원주민 문화의 잃어버린 정체성을 찾고 이질적인 백인 문화와의 상호 차이를 긍정하는 것은 탈중심적 사회에서 진정한 문화공존이 가능한 다성적 사회를 구축하기 위하여 원주민과 백인 양쪽 모두가 노력해야 할 일이다. 이러한 다성적 사회를 구성하는 것이야 말로 미국 사회에서 원주민이 정체성을 보유하면서도 백인과 공존하여 살아갈 수 있는 대안 중의 하나가 될 것이다.

∴ 인용문헌

Allen, Paula Gunn. *The Sacred Hoop: Recovering the Feminine in American Indian Traditions.* Boston: Beacon P, 1986.

Austgen, Suzanne M. "Leslie Marmon Silko's *Ceremony* and the Effects of White Contact on Pueblo Myth and Ritual." 15 January 2009 <http://history.hanover.edu/hhr/hhr93_2.html>

Batker, Carol. "Overcoming all obstacles: The assimilation debate in Native American women's journalism of the Dawes Era." *Early Native American Writing.* Ed. Jaskoski Helen. New York: Cambridge UP, 1996. 190-203.

Baym, Nina. *Woman's Fiction: A Guide to Novels by and about Women in America 1820-1870.* Ithaca: Cornell UP, 1978.

Bell, Michael. *Hawthorne and the Historical Romance of New England.* Princeton: Princeton UP, 1971.

Berkhofer, Robert F. *The White Man's Indian: Images of the American Indian from Columbus to the Present.* New York: Random House, 1978.

Bernardin, Susan. "On the Meeting Grounds of Sentiment: S. Alice Callahan's *Wynema.*" *ATQ* 15.3 (2001): 209-24.

Blackmore, Steven. "Without a Cross: The Cultural Significance of the Sublime and Beautiful in Cooper's *The Last of the Mohicans.*" *Nineteenth-Century Literature* 52.1 (1997): 27-57.

Brill, Susan. "Storyteller and Their Listener-Readers in Silko's 'storytelling' and *Storyteller.*" *The American Indian Quarterly* 21.3. (Summer 1997): 333-57.

Brown, Harry, "The horrid alternative: Miscegenation and madness in the frontier romance." *Journal of American & Comparative Cultures* 24. 3/4 (2001): 137-51.

Callahan, Alice. *Wynema*. Chicago: U of Nebraska P, 1997. (originally published Chicago: H. J. Smith and Company, 1891)

Calloway, Colin. *New Worlds for All: Indians, Europeans, and the Remaking of Early America*. Baltimore: Johns Hopkins UP, 1997.

Camaroff, John & Jean. *Of Revelation and Revolution*. vol. 1. Chicago: U of Chicago P, 1991.

Carr, Helen. *Inventing the American Primitive: Politics, Gender, and the Representation of Native American Literary Traditions, 1789-1936*. New York: New York UP, 1996.

Castiglia, Chrostopher. *Bound and Determined*. Chicago: U of Chicago P, 1996.

Child, Lydia Maria. *The First Settlers of New England: or, Conquest of Pequods, Narragansets and Pokanokets: as Related by a Mother to Her Children, and Designed for the Instruction of Youth*. Boston: Munroe and Francis, 1828.

-----------. *Selected Letters, 1817-1880*. Eds. Milton Meltzer, Patricia Holland, and Francine Krasno. Amherst: U of Massachusetts P, 1982.

-----------. *Hobomok and Other Writings on Indians*. Ed. Carolyn Karcher. New Bruinswick: Rutgers UP, 1986.

Cooper, Fenimore. *The Last of the Mohicans*. New York: Bantam, 1981.

Cummings, Kate. "Reclaiming the Mother('s) Tongue: Beloved, Ceremony, Mothers and Shadows." *College English* 52.5 (September 1990): 552-69.

Damon-Bach, Lucinda. *Catharine Maria Sedgwick: Chronological Bibliography of the Works of Catharine Maria Sedgwick*. Boston: Northeastern UP,

2003.

Dasenbrock, Reed W. "Forms of Biculturalism in Southwestern Literature." Ed. Allan Chavkin. *Leslie Marmon Silko's Ceremony*. New York: Oxford UP, 2002. 71-82.

Deloria, r., Vine. "Comfortable Fictions and the Struggle for Turf." *Natives and Academics*. Ed. Devon Mihesuah. Lincoln: U of Nebraska P, 1998. 65-83.

Devens, Carol. "If we get the girls, we get the race." *American Nations*. Eds. Hoxie & Mancall. New York: Routledge, 2001: 156-71.

Dimock, Wai-chee. *Empire for Liberty*. Princeton: Princeton UP, 1991.

Dippie, Brian W. *The Vanishing American: White Attitudes and U.S. Indian Policy*. Lawrence: UP of Kansas, 1982.

Douglass, Ann. *The Feminization of American Culture*. New York: Farrar, 1998.

Drinnon, Richard. *Facing West: the metaphysics of Indian-hating and empire-building*. Minneapolis: U of Minnesota P, 1980.

Du Bois. W.E.B.. *The Souls of Black Folk*. New York: Dover Publications, 1994.

Eliott, Emory. *Early American Literature*. Cambridge: Cambridge UP, 2002.

Ellen, Arnold. *Conversations with Leslie Marmon Silko*. Jackson: UP of Mississippi, 2000.

Evasdaughter, Elizabeth. "Leslie Marmon Silko's *Ceremony*: Healing Ethnic Hatred by Mixed-breed Laughter." *MELUS* 15.1 (Spring 1988): 83-95.

Faery, Rebecca. *Cartography of Desire*. Norman: U of Oklahoma P, 1999.

Fetterley, Judith. *The Resisting Reader*. Bloomington: Indiana UP, 1978.

----------. "My Sister! My Sister!: The Rhetoric of Catharine Sedgwick's *Hope Leslie*." *American Literature* 70.3 (1998): 491-516.

Gilderhus, Nancy. "The Art of Storytelling in Leslie Silko's *Ceremony*." *English Journal* 83.2 (February 1994): 70-72.

Grobman, Laurie. "(Re)interpreting Storyteller in the Classroom: Teaching at the Crossroads." *College Literature* 27.3 (Fall 2000): 88-110.

Gussman, Deborah. "Inalienable Rights." *College Literature* 22.2. (June 1995): 58-80.

Hamilton, Wynette. "The Correlation between Societal Attitudes and Those of American Authors in the Depiction of American Indians, 1607-1860." *American Indian Quarterly* 1.1 (1974): 1-26.

Harjo, Joy and Gloria Bird. *Reinventing the Enemy's Language: Contemporary Native American Women's Writing of North America*. New York: Norton, 1997.

Hawthorne, Nathaniel. *The Scarlet Letter*. New York: Norton, 1978.

-----------. "Young Goodman Brown." *The Heath Anthology of American Literature*. Eds. Paul Lauter et al. Lexington: D.C. Heath and Company, 1994. 2129-38.

Herzog, Kristin. *Woman, Ethnics, and Exotics*. Knoxville: U of Tennessee P, 1983.

Jehlen, Myra. *American Incarnation: The Individual, The Nation, and The Continent*. Cambridge, MA: Harvard UP, 1986.

Jennings, Francis. *The Invasion of America: Indians, Colonialism, and the Cant of Conquest*. New York: Norton, 1976.

Karcher, Carolyn. "Introduction to *Hobomok* and Other Writings on Indians." *Hobomok and Other Writings on Indians*. New Brunswick: Rutgers UP, 1992.

-----------. *The First Woman in the Republic*. Durham: Duke UP, 1994.

Keiser, Albert. *The Indian in American Literature.* New York: Oxford UP, 1933.

Kelly, Mary. "Forward." *Catharine Maria Sedgwick: Chronological Bibliography of the Works of Catharine Maria Sedgwick.* Ed. Lucinda Damon-Bach. Boston: Northeastern UP, 2003.

Kenschaft, Lori. *Lydia Maria Child: The Quest for Racial Justice.* New York: Oxford UP, 2002.

Krupat, Arnold. *Narrative Chance: Postmodern Discourse on Native American Indian Literatures,* Ed. Gerald Vizenor. Albuquerque: U of New Mexico P, 1989.

Lauter, Paul. et al. Eds. *The Heath Anthology of American Literature.* Lexington: D.C. Heath and Company, 1994.

Lawrence D.H. *Studies in Classic American Literature.* Harmondsworth: Penguin Books, 1971.

Maddox, Lucy. *Removals: Nineteenth-Century American Literature and the Politics of Indian Affairs.* New York: Oxford UP, 1991.

Melville, Herman. *Moby-Dick, or the Whale.* Ed. Charles Feidelson. New York: Bobbs-Merill, 1964.

------------. "Bartleby, The Scrivener." *The Piazza Tales and Other Prose Pieces 1839-1960.* Ed. Harrison Hayford. Evanston: Northwestern UP, 1987.

------------. "Benito Cereno." *The Piazza Tales and Other Prose Pieces 1839-1960.* Ed. Harrison Hayford. Evanston: Northwestern UP, 1987.

------------. *The Confidence-Man: His Masquerade.* New York: Norton, 1971.

Mihesuah, Devon. *Natives and Academics.* Lincoln: U of Nebraska P, 1998.

Milder, Robert. "The Last of the Mohicans and the New World Fall." *American Literature* 52.3 (1980): 407-31.

Mills, Bruce. *Cultural Reformation: Lydia Maria Child and the Literature of*

Reform. Athens: U of Gerogia P, 1994.

Myres, Sandra. *Westering Women and the Frontier Experience*. Albuquerque: U of New Mexico P, 1981.

Owens, Louis. *Other Destinies: Understanding the American Indian Novel*. Norman: U of Oklahoma P, 1994.

Parker, Hershel. "The Metaphysics of Indian-hating." *The Confidence- Man: His Masquerade*. Herman Melville. New York: Norton, 1971. 323-30.

Parker, Robert. *The Invention of Native American Literature*. Ithaca: Cornell UP, 2003.

Piper, Karen. "Police Zones: Territory and Identity in Leslie Marmon Silko's *Ceremony*." *American Indian Quarterly* 21.3 (Summer 1997): 483-97.

Rock, Roger. *The Native American in American Literature: A Selectively Annotated Bibliography*. Westport: Greenwood, 1985.

Romero, Lora. "Vanishing Americans: Gender, Empire, and New Historicism." *American Literature* 63.3 (1991): 385-404.

Rouff, Brown. "Introduction." *Wynema*. Alice Callahan. Chicago: U of Nebraska P, 1997. xiii-xlviii.

------------. "Justice for Indians and Women: The Protest Fiction of Alice Callahan and Pauline Johnson." *World Literature Today* 66.2 (1992): 240-55.

Rowlandson, Mary. "A True History of the Captivity and Restoration of Mrs. Mary Rowlandson." *Women's Indian Captivity Narrative*. Ed. Derounian-Stodola. New York: Penguin Putnam, 1998. 1-52.

Ruppert, James. "Dialogism and Mediation in Leslie Silko's *Ceremony*." *The Explicator* 51.2 (Winter 1993): 129-34.

Ryan, Melissa "The Indian Problem as a Woman's Question: S. Alice

Callahan's *Wynema: A Child of the Forest.*" *ATQ* 21 (2007): 23-45.

Sattler, Richard. "Women's Status Among the Muskogee and Cherokee." *Women and Power in Native North America*. Eds. Klein and Ackerman. Norman: U of Oklahoma P, 1995. 214-29.

Scheckel, Susan. *The Insistence of the Indian: Race and Nationalism in Nineteenth-Century American Culture.* Princeton: Princeton UP, 1998.

Schueller, Malini Johar. "Colonialism and Melville's South Sea Journeys" *Studies in American Fiction* 22.1 (1994): 3-18.

Sedgwick, Catherine. *Hope Leslie: Or, Early Times in the Massachusetts.* New Brunswick: Rutgers UP, 1990.

Sedgwick, William Ellery. *Herman Melville: The Tragedy of Mind.* New York: Russell & Russell, 1962.

Senier, Siobhan. "Allotment Protest and Tribal Discourse: Reading Wynema's Success and Shortcomings." *AIQ* 24:3 (2000): 420-40.

Silko, Leslie Marmon. *Ceremony.* New York: Penguin, 1977.

------------. *Storyteller.* New York: Arcade Publishing, 1981.

------------. *Yellow Woman and a Beauty of the Spirit.* New York: Touchstone, 1996.

Stadler, Gustavus. "Magawisca's Body of Knowledge: Nation-Building in *Hope Leslie.*" *The Yale Journal of Criticism* 12.1 (1999): 41-56.

Swann, Brian. "Introduction." *Harper's Anthology of 20th Century Native American Poetry.* Ed. Duane Niatum. New York: Harper, 1988. xiii-xxxii.

Tatonetti, Lisa. "Behind the Shadows of Wounded Knee." *SAIL* 16.1 (2004): 1-31.

Thornton, Russell. *Studying Native America.* Madison: U of Wisconsin P, 1998.

Turner, Sarah E. "Spider Woman's Granddaughter: Autobiographical Writings by Native American Women." *MELUS* 22.4 (Winter 1997): 109-132.

Vasquez, Mark. "Your Sister Cannot Speak to You and Understand You as I Do." *ATQ* 13.3 (1999) :173-86.

Welter, Barbara. *Dimity Convictions*. Athens: Ohio UP, 1976.

Winthrop, John. "A Model of Christian Charity." *The Puritans in America*. Eds. Heimert & Delbanco. Cambridge: Harvard UP. 81-92.

Womack, Crag. *Red on Red: Native American Literary Separatism*. Minneapolis: U of Minnesota P, 1999.

Wyss, Hilary. *Writing Indians*. Amherst: U of Massachusetts P, 2000.

프레더릭 혹시. 피터 아이버슨 엮음. 『미국사에 던지는 질문』 서울: 영림카디널, 2000.

윤상환. 『아메리카 인디안 투쟁사—아메리카 원주민 역사서』 의정부: 메드라인, 2003.

✦ 찾아보기